JN299680

地球維新
天声　会議

白峰（中今の悠天）監修

地球維新クラブ

鹿児島UFO	TAKUYA	峰宗　賢美
川島　伸介	不動光陰	西村　百華
横山　　剛	白雪セーラ	慈恩　将人
縄田　光弘	秦　明日香	有野　真麻

明窓出版

◎地球維新　天声会議　目次◎

鹿児島ＵＦＯの巻

川島伸介の巻

TAKUYAの巻

百華の巻

宗賢の巻

秦明日香の巻

鹿児島ＵＦＯの巻

はじめに

皆さんこんにちは。鹿児島UFOと申します。今回は、我々白峰会門下生および卒業生メンバーと、これまで船井本社にんげんクラブ代表会員&大物イベントプロデューサーとして大活躍してこられ、現在も、ライジングヤマト主宰として全国を飛び回る川島伸介さんと共に、来たるべき「黄金人類を語る」という素晴らしいコラボ企画です。出版を楽しみに、今後の地球大維新の活動を、一気に加速させたいと思っています！

「黄金人類」になるための十の「ポイント」

いま世の中は、二つの二極化があります！　ひとつは、マスコミだけを情報源にして洗脳に陥っている人と、インターネットなどを利用して情報を探って自らも発信している、社会洗脳からのがれたザイオン市民との二極化。

もうひとつは、スピリチュアルなどには感心がなく、三次元の現実や経済のみに感心のある人と、スピリチュアルの叡智に気づき自らの生命進化を目指す人との二極化です！

この二極化は、これからやってくる地球と人類の大変革を通じて、分離し、情報を使いこなし、自らの生命進化を志す人々が次の段階へ進み、最終的には、本書のメインテーマである「黄金人類へと到達します！

一、まずは入口に立つ！　社会洗脳（陰謀論）を知ることですネ！
社会洗脳（政治・金融・経済・教育・歴史・宗教・エネルギー・食料・宇宙・地底などの情報制限コントロール）に陥っていてはまったく先へ進めませんので、拙著『地球維新◎解体珍書』（明窓出版）を読み（笑）、映画『THRIVE』を見て下さい（笑）！

二、スピリチュアルの叡智を知ること
それを理解すれば、自らの生命進化を指向するようになりますし、それが遠回りのようで、実はストレートに社会変革につながってゆくということが解ってくるでしょう！　社会や他人のせいにしては、いつまでも、自分の世界（自分の宇宙）は変わらないのです（同じ所をぐるぐる回って、輪廻転生の繰り返し）。

三、シューマン共振が上がっている！
地球自体の共鳴振動数で、以前は約七ヘルツだったものが近年どんどん上昇しており、十四ヘルツを超えて、最終的には、二十一ヘルツに上昇していくと言われています。この共鳴振動は、人間の精神状態や生命形態に直接影響を与えている。いわゆる次元上昇と密接に関係しています。

近年、うつ病や不定愁訴が増えていますが、このシューマン共振上昇の問題を医学も教育も知らなければなりません。シューマン共振は、あぶり出しのような作用をします。このところ思考や感情の現実化が加速し、プラス思考の人と、マイナス思考の人との、二極化も始まっています。

これからすべての人間は、トラウマ・マイナス想念・カルマなどを浄化して、意気揚々、波動も明るく、軽やかになっていかなければ、次の時代に生き残れません。ですから、それらを癒して浄化するヒーリングやエネルギーワーク（仏教で言うと成仏法・神道で言う払い浄め）は、とても重要なものとなるでしょう。

四、教科書で教える歴史は限定されたものであり、本来の人間能力を封印している

①シュメール文明

高校の歴史教科書を見ると、知的な文明としては、約六〇〇〇年前のシュメール文明が最古として扱われています。シュメール文明は、医学・法律・宗教・政治など、文化的要素をすべて網羅しており、突然現れたとされています。しかし、突然現れたとは、おかしな話です。宇宙人にでも教えてもらったのでしょうか？（笑）必ず、何かしらの源流があるはずです！ペトログラフ（古代岩文字）の世界権威の吉田信啓先生の研究によると、日本の縄文時代の岩文字に、

シュメール文字が彫られているという事実があります。縄文時代は、約一万六千五百年前～約三千年前と言われていますが、もし日本出土のシュメール文字が、六千年前より新しかったら、イラクのシュメール文明の方が元祖であり、常識的には、その通りでしょう！

②日本の縄文時代とレムリア文明、アトランティス文明の関連について

しかし、縄文時代は、約一万六千年前から始まっています。シュメール文明の楔《くさび》形文字より、日本の縄文文化の楔形文字や神代文字の方が、古い！　元祖だ！　としたらどうでしょう？　菊花紋章は、日本の天皇家の紋章でもあり、古代シュメール・世界王族の紋章でもあります。そこに、近代アカデミズムには偽書とされる竹内家古文書の「超古代は日本が世界を統治していた」という歴史がクローズアップされてきます。のちほど語りますが、千賀一生さん提唱「ガイアの法則」（徳間書店）を深読みすると、その事実が法則として、浮かび上がってきます。

③宗教的な封印

それは、何を意味するのでしょうか？　仏教の開祖・釈迦の教説も、キリスト教開祖イエス・キリストの教説も、オリジナルの状態から改編されています。輪廻転生の事実と、人間が自ら覚醒に至る叡智と修行法を削除してきました。一部のマスターたちに、密教（錬金術・西洋カバラ・

キリスト密教・チベット密教・真言密教など）として、ひそかに受け継がれてきました。

ここには、民衆が本当に理解できる時期が来るまでは、隠して温存しておこうというプラス面の秘策と、もうひとつは、アトランティス文明以来、特権階級が、庶民には覚醒への叡智を教えず、私腹を肥やす民衆支配に利用してきたというマイナス面のコントロールがありました。ユダヤのトーラやキリスト教の聖書は、日本の古代神話とそっくりですが、実は、日本神話を焼き直した続編であり（日本の歴史の方が古いということ！）、竹内家古文書やホツマツタエは、宇宙と地球の創生から、古代レムリア時代の歴史を表したものです（古代レムリアの大きなコロニーは、地中海地区と日本海地区にありました。太古は陸地だったのです）。

④太古は、宗教でなく、科学だった！

それと、もうひとつ重要なことは、イザナギ・イザナミの国生み神話は、神様の話になっていますが、ＤＮＡ螺旋の右回り左回りを表わしています。つまり、人間製造のＤＮＡ交配実験を表現しています。

人間は猿から進化したのではなく、人間と宇宙人の交配により作られたボディなのです（宇宙から飛来した魂が、三次元世界を体験するための宇宙服が、人間の体だということです）。古代シュメールの石板に、その交配実験の様子が図と文字で刻まれています。

そして、神代文字も出てくる「カタカムナ」は、静電六法・イヤシロチ・電子水などの基礎になっている、重要な時期に突然出現するといわれる埋蔵経典的な不思議な理論&学問ですが、カタカムナの神代文字を解読した、楢崎皐月博士は、様々な驚異の発明をしています（例えば、農薬や放射線の害まで中和してしまう「電子水」・イヤシロチ土地改良技術・無農薬農法・核兵器の無力化・フリーエネルギーほか多数）。楢崎博士は、終戦直後の頃、カタカムナ技術によって、無農薬の革新的な農法を確立し、農協組織を通じて、全国的に技術指導を開始する道筋が出来上がった時に、突然GHQの横槍が入り、欧米の農薬と化学肥料を使った農法に、日本も席巻されてしまいました。

農業に農薬と化学肥料は必要だ！　という洗脳をされた農家が大量に製造されました！（日本の農地は本来の土力を失い、今の野菜のミネラル含有量は、昔の十分の一になっています。先日、主食を食べずに、スナック菓子とサプリメントで過ごす奇人が増えているとの報道もありました）。このGHQの横槍がなければ、どんなにか日本の食は正しく保たれたことでしょう！

このGHQ横槍事件において楢崎博士は、黄金人種（ゴールデンフォトノイド）たる大和民族に、文化や食の面からも封印をかける「闇の権力・世界政府」の存在に、戦後間もない時期から、いち早く気づいた方だったのです！！

カタカムナに出てくる主な用語に、コソソギ・トコタチ・イマタチ・オモダル・アメノミナカヌシ・ウキフネ・イザナギ・イザナミという言葉が出てきます。これはまさに、日本神話や神々の御名ですよね？　ということは、カタカムナは、宗教だったのか？　いや、そうでも無いのですよ！　な、なんと……今、記述した言葉のカタカムナでの意味は、それぞれ、コソソギ＝膨張収縮、トコタチ＝互換重合、イマタチ＝統計的存在、オモダル＝質量、アメノミナカヌシ＝プラズマ、イザナギ＝粒子性、イザナミ＝波動性なのです！

皆さんは、もうお分かりでしょうか？　これが意味することを……。カタカムナは、太古宗教が発生する以前にあった「高度な科学技術や判明していた宇宙自然の法則」だったのです！カタカムナがあった時代の、その後は、様々な天変地異で、いったん文明が崩壊しましたが（パンゲア・レムリア・ムー・アトランティスなど）、一部、災難を逃れたエリート集団もいました！

文明や科学を失って原始の生活から再スタートした多くの人々は、自然の脅威を見て「神の驚異」と思ったのはモチロンでしょうが、逃れたエリートたちに温存されて、時々披露される「科学技術」を見て「神」だと思い込んだのでしょう！

古代天皇が「アメノウキフネ」に乗って世界行幸（視察巡航）をされたと竹内文書に記されています。あるいは、エジプトのファラオやモーゼの「杖を持って起した奇跡」なども然り！　いま、「プラズマ」は、日本人だったら、だいたいどんなものかは分かっていますよね？　プラズマテレビもありますし、ここまで科学が進んできたのにも意味があります。以前テレビで、プラズマを三方向からぶつけて、物質が浮揚したり、物質をスリ抜けるような実験をやっていました。

ようやく太古の科学技術に、我らの現代科学も追いつきつつあり、私達自身も理解できるレベルに到達しました。宗教も科学技術も経済も、大きく根本から問い直して、統合すべき時が到来しました。来るべき「アセンション・ミロクの世」実現のために！

宗教も、外の神仏や教祖様への崇拝から、自己の内宇宙法則「内在神我（アートマン）」に気づくべき時代なのです。だから、特定宗教でなく「皆の衆」なのです（笑）。

⑤社会洗脳は、巧妙に総合的に行われている！

結論として、ここで何が言いたいのかというと、シュメール以前の歴史を、教科書に載せない、民衆に教えないのは、人間の本当の起源と日本の歴史的重要性を、西洋中心の現社会の中枢が、知って欲しくないからであり、密教的な叡智・古代文明・宇宙人の問題を、民衆に知らせず、アトランティス以来の民衆支配を継続したい人たちが居た（居る）わけです。

マスコミは、今まで、古代文明、ＵＦＯ、超能力、心霊などの問題を、面白おかしく扱って、庶民が馬鹿にして信じないような方向に洗脳してきました。ＵＦＯとか、超能力とか、単独の問題ではなく、すべては、関連、リンク、連動しており、今まで、政治、金融、経済、教育、歴史、宗教、エネルギー、食料、宇宙、地底など、全てのジャンルにおいて、本当のコアな情報は、民衆には、制限・コントロールされてきたのです。この総合的な情報コントロールを、分かりやすく叡智化したのが、P＆Gの御曹司ギャブルさんが製作したドキュメンタリー映画『THRIVE』です。がんじがらめに社会洗脳を受けた周囲の皆さんに、是非見せてあげて下さい！「ギャンブル」も一概に悪いと言えませんね～（笑）

⑥本物サイキカーの信頼性を現代科学が証明してしまった！？

今までの、レムリア・アトランティスなどの古代文明の情報は、主にサイキカーたちのチャネリング本が情報源という場合が多かったと思われます。常識人・現実指向の方たちは、信頼性がないと考えるでしょう。しかし私は、本当に能力のあるサイキカーの情報は、信頼できる！本物だと分かりました！！

先月、ナショナルジオグラフィックの番組で、エジプトの特集がありました。その中で、ネフェルティティ、アメンホテプ4世（イクナトーン）、ツタンカーメン、ツタンカーメンの妻など、出土したミイラの厳密なDNA鑑定が行われました。それによって、上記の人たちの親子関係、血縁関係が、証明されました。その番組では、すごい発見だ！と語っていましたが、えっ？その血縁関係が、歴史的、学問的には、わかっていなかったんだ！と逆に驚きました……。

実は、「輪廻／転生をくりかえす偉人たち―歴史はこうして作られた」（徳間書店　ジョージ・

ハント・ウィリアムソン著　坂本貢一翻訳、ゲリー・ボーネル序文）という本があります。ウィリアムソン氏は、映画インディージョーンズのモデルで、大学教授であり、古代文明研究家であり、ジョージ・アダムスキーと共に、金星人と会見をした人物で、アカシックレコード（地球の歴史収蔵庫空間・虚空・アカシャ）を読む能力もありました。その能力をもって、この本を書きました。

ゲリー・ボーネル氏が、小学生時代、アカシックレコードを見始めた初期の頃、この本を参考にして、自分に見えている各年代の歴史ビジョン（霊視映像）が、正しいかどうか？　検証用（審神・サニワ）に使用した本です。ウィリアムソン氏とゲーリー氏は、実際の肉体次元では対面しておりませんが、霊的には何回か会っており、約50年前に、ウィリアムソン氏に「あなたは、私は本の序文を書く」と言われ、小学生だったゲリー氏は、あまりピンとこなかったようですが（笑）、二〇〇七年にこの本が徳間書店から再刊されるとき、序文を書くこととなり、感無量だったそうです。え～長々と、この本の由来を書きましたが（笑）。

実は、この本に、ネフェルティティ、アメンホテプ4世（イクナトーン）、ツタンカーメン、ツタンカーメンの妻などの血縁関係が、しっかりと書いてあるのです。刊行は約五十年前なのに！　つまり、常識人が、オカルトとレッテルを貼る本「アカシックレコードリーディング」の内容を、現代科学のＤＮＡ鑑定が証明してくれたのです！！

皮肉なものです（笑）。私自身、職場で「ＵＦＯ男が来た」と管理職にバカにされていますが、胸のすく思いです（笑）。

レムリアやアトランティスなど古代の文明は、証拠がないとされています。実は、今まで出土もありましたが、情報隠蔽されてきました。三内丸山遺跡では、日本の縄文時代が狩猟生活の原始人などではない事が判明～なんと、六階建て約二十メートルの柱が何本も出土しています。

二〇一二年以降、さらにオープン化が加速されますので、今後は、日本や世界で、驚愕するような出土・発見がなされます！　それらにより、古代文明で、今より科学が進んでいたこと、宇宙人の介入があったことが証明され、（映画スターウォーズは過去の話で）一気に、社会常識が大転換する時がきます！　それも人類覚醒、地球維新、宇宙維新、地底維新の一環なのです！！

五、時間感覚の変革マヤ暦（コルイマンインデックス）

さて、近年の一年一年、時間の経過の速いこと！　皆さまも実感していることでしょう。マヤ文明のマヤ民族は、この世界で一番、暦や時間に関して造詣が深いと言われています。マヤの暦が、二〇一二年で終わるという説によって、その年、地球が滅びるというような映画やテレビ番組があり、所詮まだ、お金中心の世の中で、商業主義的なパニック映画に仕立てられていました。

実は、マヤ暦も、五百種類以上存在していて、二〇一二年で終わっている暦は、逆に特殊だとも言えるのですが、コルマンインデックの理論は、大いに参考になります。マヤ暦は十三と二十の組み合わせの二百六十日周期で動いています。この暦のリズムに乗って暮らしてゆくと、自然と宇宙のリズムを感じ、覚醒の道を歩むと言われています。

そのマヤ神殿は、十段構造で、太古からの現代までのタイムスケジュールを表しています！

一段目は百六十四億年、その一日の長さは十二億年で、たいへんゆったりでした（創造主の実験場として、太陽系創造に始まり～実験人類進化の歴史が始まった！）。

各一段ずつは十三の区分に分けられて、十三区分目を最後として、その後一段上がります。各段を上がるごとに、フラクタル（だんだん渦の回転数が上がるというような意味）に、二十倍づつ時間が短縮されていきます。ですから、どんどん時間感覚が速くなっているのです。

億年単位で変化する時代・万年単位で変化する時代・千年単位で変化する時代・百年単位で変化する時代・十年単位で変化する時代……と加速してきました！

次の図表を参照して頂くと理解できると思います。二〇一二年以降、時間と空間について、人間の勘違いが、だんだん理解されるようになり、旧来常識が変わっていくという点につきましては、紙面の都合上、鹿児島ＵＦＯの講演か、次期出版の機会に譲ります。

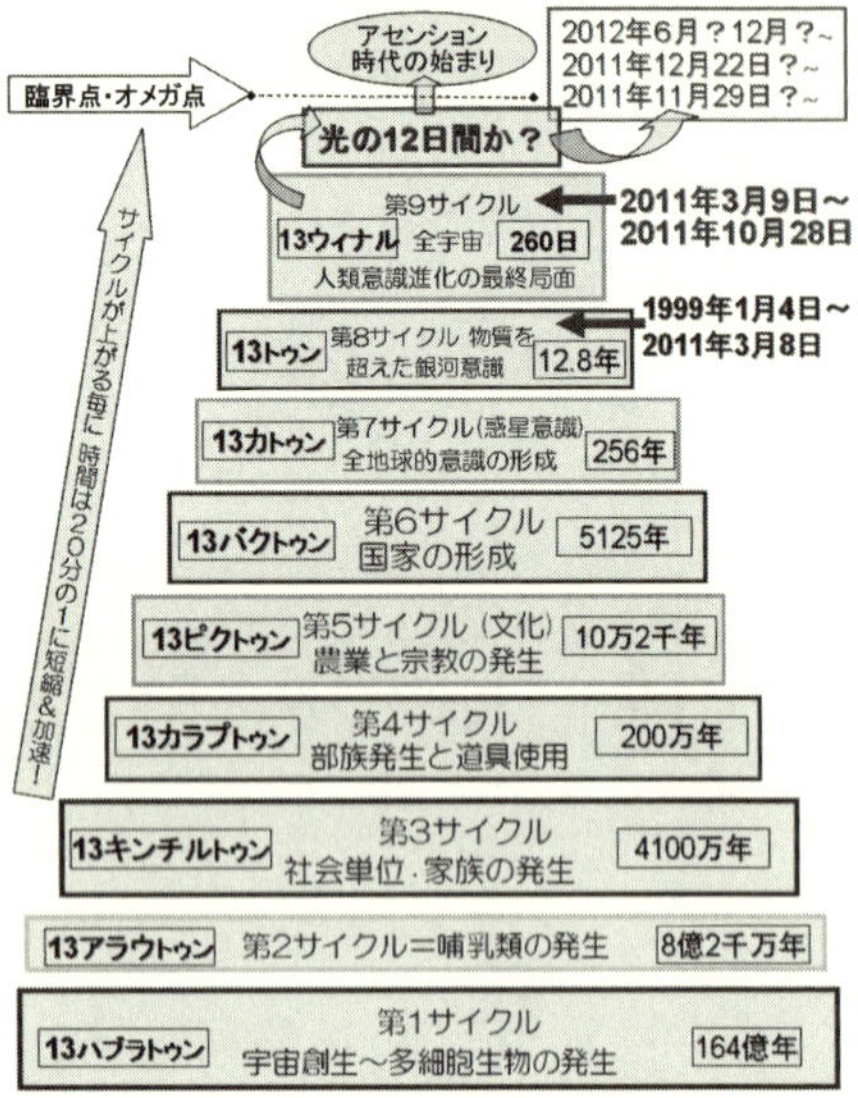

六、魚座から水瓶座の時代へ

世の中が「魚座」の時代から「水瓶座」の時代に移ります。占星術の世界では、約二千年周期で十二星座で分けられており、キリスト誕生から二千年ぐらいは「魚座」の時代でした。「魚座」の時代とは物質も精神も貴ぶ時代で、まさに宗教が生まれた時代ですが、男性性の優位、二極対立、権力争いが繰り返された時代でもあります。

新たなる「水瓶座」の時代は、女性性の復権、三位一体、物質性と神秘性が対等に渡りあい、スピリチュアルなのが当たり前になります。クリエイティブで多様性のある価値観が同居する時代です。白峰先生によると、二〇一六年、本格的な水瓶座時代に入り、世界的な大洪水に要注意だそうです！

七、分離の時代から統合の時代へ

私たちは、非常にコアなシフト（大変革）のタイミングに生まれてきています。一万三千年、二万六千年、五万二千年、という三つの大きなサイクルが重なる重要な時期です。このことは、最近の私の講演でも、一番力を入れて話しているポイントです。

今回は、紙面の都合上、二万六千年と、五万二千年のサイクルについては語りませんが、おそらく講演で全国を回りますので（講演依頼も宜しくお願いします）、その時にじっくり聴いて下さいね（笑）。

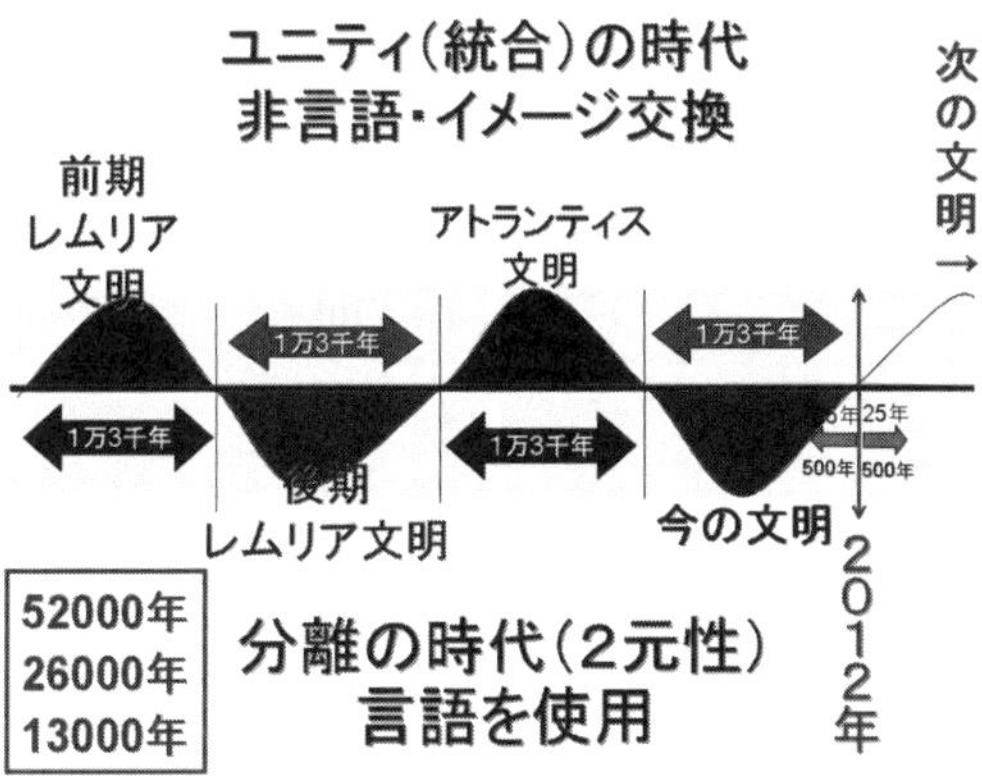

さて、この世界には、一万三千年ごとに、分離の時代と統合の時代を、交互に繰り返すという大きな法則があります！　今までの一万三千年間は分離の時代で、生と死、男と女、愛と憎しみ、夢と現実、意識と無意識、霊界と現実界など、二元対立の時代を学んできました。言語を使い、本音と建前、嘘と真実、色々使い分けできました（笑）。

これからの一万三千年間は、言語を使わずテレパシーでの意思疎通を図り、集合意識や宇宙意識とつながるので、お互い隠し事はできません（笑）。二元性対立の時代は終わり、ユニティ（統合）の時代へ、今後二十五年かけて、大きく転換していきます。この図表は、講演で使っているものです。じっくりご参照下さい。

八、ガイアの法則と分離統合の法則で、竹内家古文書を証明する！

「ガイアの法則」は、風水幾何学の絶対法則を書いています。数霊《かずたま》と地球エネルギーの対流性は、風水学では秘中の秘ですが、その一端が、この本に書かれています！　と、白峰先生もこの本を推薦しています。

文明が一六一一年周期で興亡し、地球上の経度で二十二・五度ずつ東西に移動するという驚愕の法則を公開しており、次の世界の中心文明は日本です！　白峰先生ご提唱の「黄金人種復活の裏づけ」が、この本でなされています！

その後、千賀さんの『ガイアの法則Ⅱ（中枢日本人はアメノウズメの体現者となる）』が、ヒカルランドから出ています。この本の図表に、おのおの約一六一一年かけて、シュメール文明↓インダス文明↓ガンジス文明↓中国の唐文明↓日本の明石淡路と文明の中心が移っていくことが描かれています！（26ページ参照）

この図表を見ると、シュメール文明から、日本の明石＆淡路文明まで、一六一一年×四＝六四四四年かかることか分かります。そして、同じく千賀さん本の図では、シュメール文明と、明石＆淡路文明に九十度の移動があります。

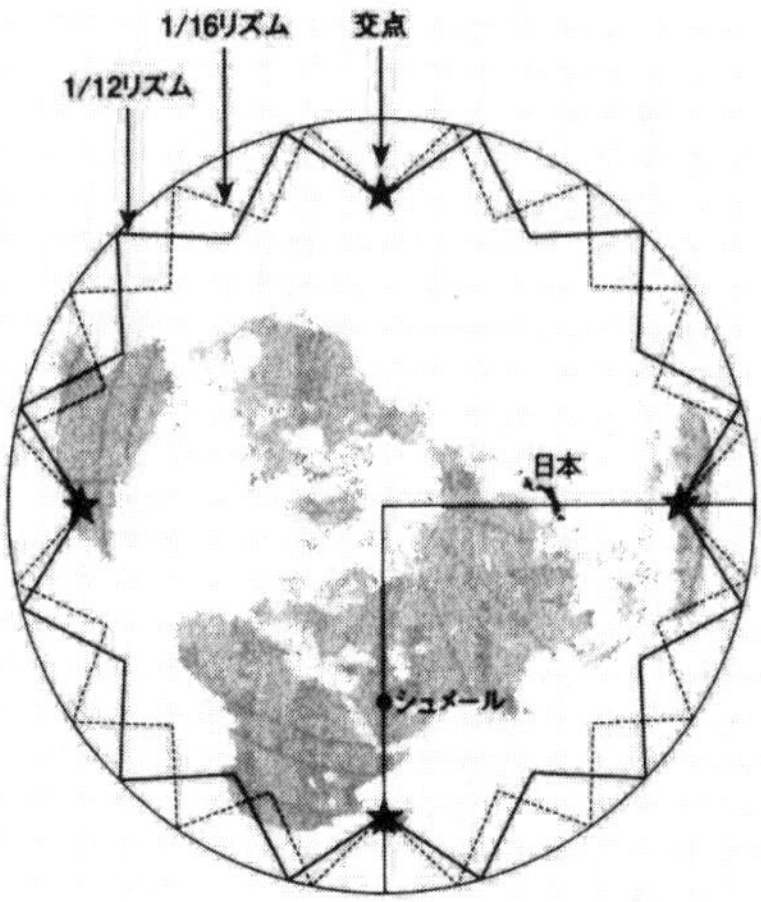

つまり、九十度の移動をするのに、六四四四年かかっているということです。そして、その倍の、文明百八十度の移動は、約一万三千年とうことで、分離と統合のサイクルを表しています。日本とシュメールの開き角度九十度を四回（三百六十度）移動したら、何年かかるか？　六四四四年×四＝約二万六千年です。つまり、三百六十度回転する前の二万六千年前も、日本中心の時代があったという証明です！

私の作成した分離と統合サイクル図表（２３ページ）も、再度ご覧下さい。すると、五万二千年前の前期レムリア時代（統合・非言語）始まりのポイントと、二万六千年前の後期レムリア時代（分離・言語使用）の終わりの文明の中心が「日本であった！」ということが理解されます（お分かりでしょうか？　私の分離＆統合の図表と千賀さんの図表をよく見比べて下さい）。

なんと、ガイアの法則・宇宙風水の法則が、竹内家古文書の言う、古代は日本が中心となり、世界天皇が統治していたということを、浮き彫りにしてくれました！　本当にこの世界は、精緻な法則によって成り立っているのですね！　驚きです。

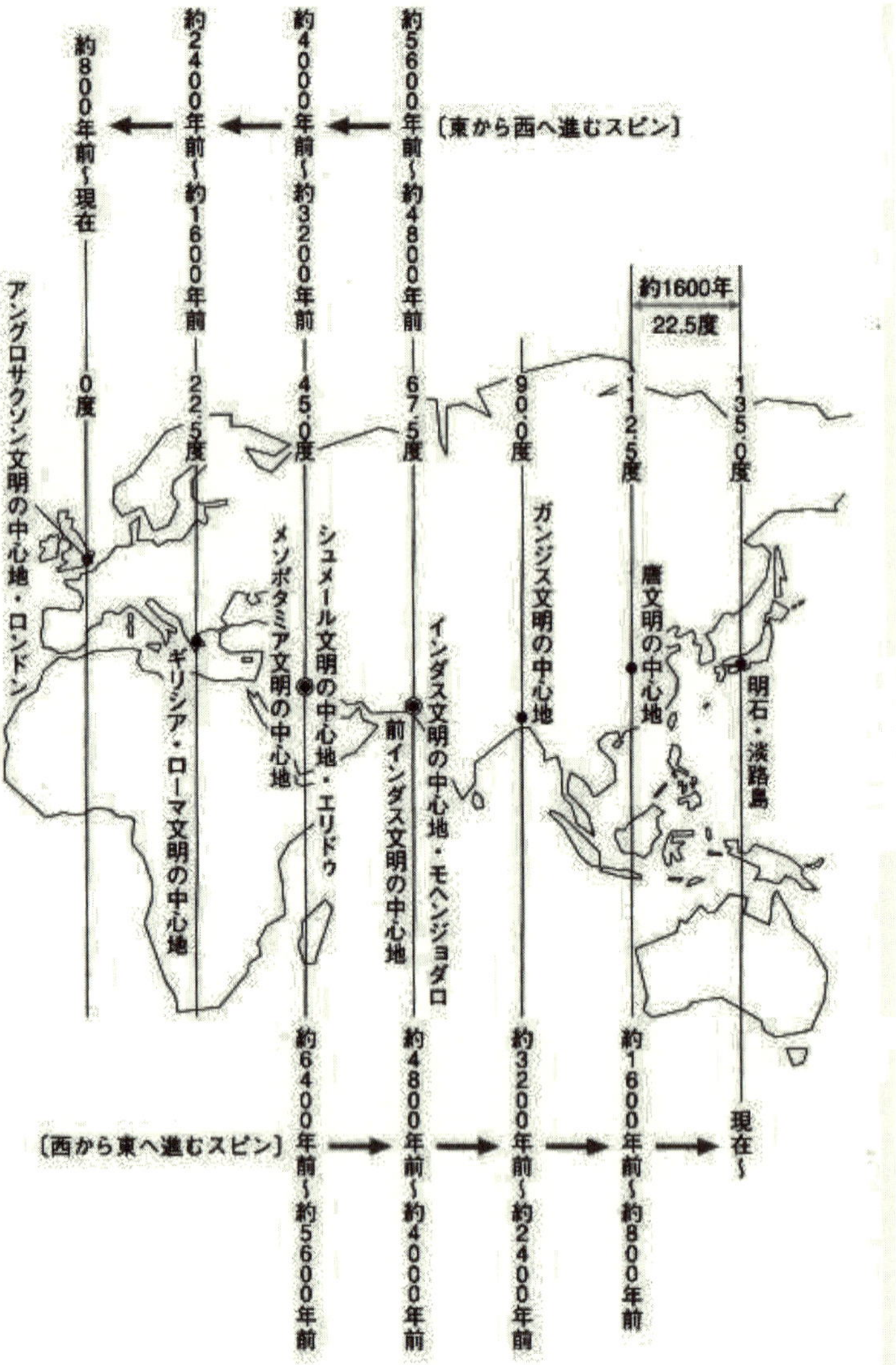
〔東から西へ進むスピン〕
約5600年前〜約4800年前
約4000年前〜約3200年前
約2400年前〜約1600年前
約800年前〜現在
約1600年
22.5度
0度
22.5度
45.0度
67.5度
90.0度
112.5度
135.0度
アングロサクソン文明の中心地・ロンドン
ギリシア・ローマ文明の中心地
メソポタミア文明の中心地
シュメール文明の中心地・エリドゥ
インダス文明の中心地・モヘンジョダロ
前インダス文明の中心地
ガンジス文明の中心地
唐文明の中心地
明石・淡路島
〔西から東へ進むスピン〕
約6400年前〜約5600年前
約4800年前〜約4000年前
約3200年前〜約2400年前
約1600年前〜約800年前
現在〜

九、フォトンベルト・太陽・月・地球・銀河の大変化

フォトンベルトが有る無いの論議は別としても、太陽・月・地球・銀河の大変化が始まり、地球と人類に大きな影響を与え「蛹《さなぎ》から蝶へ」のメタモルフォーゼが起こります。今後、日・月・地・銀河に注目していきましょう！

それらから、もし壊滅的なエネルギーが地球に向かうときは、映画『二〇一二年』や、映画『ノウイング』のように滅びるのではなくて、マル秘なんですが、突然、地球全体を保護フィールドが覆って、新たな次元上昇が起こっていくでしょう。どうもそれが、日月神示の言う「神一厘」ではないかと思われます。今はそれ以上言えません（笑）。

十、人類最初の礎人「五色人」その頂点をなす「黄金人類」は復活する！

「幣立神宮由緒より」……太古の神々（人類の大先祖）は、大自然の生命と調和する聖地としてここに集い、天地・万物の和合をなす生命の源として、祈りの基を定められた。この歴史を物語る伝統が「五色神祭」である。この祭りは、地球全人類の各々祖神（大先祖）（赤、白、黄、黒、青〈緑〉人）がここに集い、御霊の和合をはかる儀式を行ったという伝承に基づく、魂の目覚めの聖なる儀式である。これは、五大人種が互いに認め合い助け合う和合の世界、世界平和のユートピア建設の宇宙的宿願の啓示である。

幣立神宮の古代的真実、宇宙的理想の実現こそ、今日の全地球的願望である。この願いを実現する古代的真実の復元が、これからの人類文明への厳粛なるメッセージである。

五色神祭は、八月二十三日、五年毎に大祭、その間四年は、小祭が行われる。そのような、世界の祖としての五色人がありますが、黄金に輝く別格の人類も同時にいました。「ゴールデン・フォトノイド＝黄金人類」です！　前章のように、古代日本、世界中心の統治者たる覚醒した人類を表します。

白峰先生曰く、「実は、人類の新たな進化ではなく太古に戻るということなのです！」と。世界の雛形である日本と日本人の天命を、心底自覚し、新・理想社会「ミロクの世」を、必ず実現しましょう。お互い、地球維新・宇宙維新の志士として、それぞれの役目を嬉々として果たして参りましょう（笑）。

川島伸介の巻

プロローグ

二〇一二年三月二日、M3・3の太陽フレアを皮切りに、三月七日までに、十五もの太陽フレアが連続で発生しました。しかも、三月七日のX5・4のフレアは、二〇〇三年一一月四日の観測史上最大のX28のような桁外れな規模のフレアではなかったものの、地球方向に向いていたため、この原稿を書いている今この瞬間にも、この地球に大量のプラズマが降り注がれているのです。二〇一二年、大激変への「のろし」が、今まさに上がったのです！

そのようなタイミングの中、三月二日から四日まで、私が定期的に主催する『超パワースポットツアー（http://yamato88.jimdo.com)』で、超古代日本において、プレアデスの巨大な宇宙中継都市があったと言われている瀬戸内海エリアへ、㈱船井本社代表取締役社長の船井勝仁さん、世界的な音楽家である岡野弘幹さん、舞踊家のさのまきこさんやチャネラーさん、にんげんクラブの会員さんや仲間たち約三十名で、仙酔島、尾道、向島、大三島、宮島へと訪れたのですが、アンドロメダからの高次元生命エネルギーと言われる「スーパー・バイオレット」という紫色の光が降り注いで来たり、らせん状に伸びた龍神様のような長い雲が現れたりなど、今までには無いほど、次から次へと奇異な現象が続発し、共に行動していた仲間たちも皆、驚いていたところでした。

それは太陽フレアが関係しているからなのか違うのか、知る由はないのですが、ただ一つ言えることは、回った先々の波動がいつもになく高まっており、脈々とした地球内部の息吹を感じたのです（それは、外にあるものが変わったというより、内なるもの、私たち自身が覚醒し、より敏感になっていたのが原因だったかもしれません。あるいは、その両方かもしれません）。

そして、不思議なことに、そのツアーから帰ってきた翌々朝、三月六日の朝六時から七日の深夜にかけて、チャネラー、霊能者、直感能力者、超能力者、物理学研究家、地震研究家、経済予測研究家の先生など、各方面の先生方から、その日に限って、次々と、たくさんのお電話をいただき、各々、最新の宇宙、神界、地質学的なもの、近未来経済予測などに関する、超ド級の驚くべき情報をお聞かせいただいたのです。

しかも、それらは全て、不思議と共通する部分が多分にあった内容のものばかりだったのです！「二〇一二年、大激変に関する緊急情報」でした！！

さて、その「二〇一二年、大激変に関する緊急情報」に関しては後ほどお知らせするとして、二〇一二年、あらゆる側面で、私たちは、いよいよ大激変待ったなしの状況となったようです。そして、これから起こるだろうその変化は、私たち人類が、未だかつて体験したことのないほどの大激変となることは必至なようです！　とは言え、その大激変は決してネガティブなことではなく、この地球に降り立った私たちが天命を全うするために、そして、霊性進化を促進するために始まる、新たなるステージなのです！

意識が覚醒し、眠っていた遺伝子が目覚め、そして、一人一人が、『本当の自分』になって、本来の力を発揮するステージとなるのです！　Welcome to THE REAL WORLD!　全てはあなたと大宇宙の進化のために！

私の人生を大きく変えた出会い

話が変わりますが、私のことを知らない読者のために、まずは、簡単に自己紹介しておこうと思います。

この原稿を書いている二〇一二年三月十六日現在の私は、ミロクの世（理想社会）の実現を目指して、二〇〇六年に、船井幸雄氏が創設した『にんげんクラブ（http://www.ningenclub.jp/）』という団体の「代表会員」という立場で、有意の人たち同士が繋がり、学ぶ場としての講演会やイベントなどを企画運営し、また、自らも講演活動やレイキ講座（日本発祥のヒーリング技術）などを開催し、全国各地を飛び回っています。

その私が、『にんげんクラブ』でお手伝いするようになった経緯を、自己紹介も兼ねて、簡単に書かせていただきます。

私は小学四年生の時、「カンボジア難民」の映像を見て涙し、それがきっかけで、医者を目指し始めましたが、勉強し過ぎたのか？　現代の教育システム、受験システムに疑問が湧き、それらについて調べていく内に、中学二年生で「フリーメイソン」という言葉にぶち当たりました。彼らのことを調べていくうちに、彼らが世の中に、戦争や飢餓・貧困を生みだしていると感じ、当時の私は「フリーメイソン」に異常なまでの怒りを覚え、その団体をどうすれば倒すことができるか？　というようなことばかりを考えるようになりました。

そして、高校一年生の時には、一切の勉強を止めてしまい、あらゆる人々が活き活きと暮すためには、まずは、マインドコントロールを解除しなければならないと考え、日本人のマインドコントロール解除を目指し、「フリーメイソン」や「マインドコントロール」、「天命の道」をテーマにした曲を作詞作曲し始め、ライブハウスを回るようになりました。

さらに、その後、高校二年生の時には、目がピンク色の、人間ではない存在と出会い、その一ヶ月後、右胸に細長いシコリがあることに気づき、いろんな病院で精密検査を受けましたが、わからないまま約十年の歳月が経ち、二十七歳の時、不思議と霊能者のような人ばかりに出会うようになり、出会った霊能者の方々全員から「そのシコリがインプラントである」ということを聞かされ、徐々に、そのシコリについてわかりはじめました。

幼い頃からUFOはよく見ていましたが、その頃からUFOは意識体であり、いつも見守ってくれているように感じていましたが、シコリが「インプラント」という可能性が高まってきた二十七歳の頃（一九九七年）から、私は、人類がこの地球ではなく、宇宙から飛来してきた存在であることを感じ始めたのと同時に、バーバラ・ハンド・クロウの『プレデアス銀河の夜明け』で、「フォトン・ベルト」や「アセンション」なる言葉を知り、いわゆる「スピリチュアル」なことにどっぷりと入って行くことになったのです。

今もそのインプラントは私の右胸に入っていますが、その後、有名無名問わず、多くの先生方が私の胸を調べてくださいましたが、全ての先生から、宇宙（存在）との受発信装置であると言われました。機会がありましたら、私の胸を触ってくださいね（笑）！ 前振りが長くなりましたが、そういう不思議なモノが入った変わり者が、この私なのです（笑）！

さて、現在、私が「代表会員」として活動しています『にんげんクラブ』について書きますと、この団体を創設された船井幸雄氏は、世界で初めて上場（東証・大証1部上場）した経営コンサルティング会社である㈱船井総合研究所を創業された方です。この研究所は、約百もの多岐に渡る専門分野のコンサルティングチームを有する世界最大規模のコンサルティング会社であり、船井幸雄氏は、国内外五千社あるというクライアント企業のトップへの経営指導を、四十年以上に亘りなさってきた実務家、実業家であり、『経営の神様』と呼ばれてきた方です。

「経営」という文字をよく見ると、「お経を営む」とありますが、仏教辞典では、「経営」という言葉の意味は、「真理を探究する」とあります。また、「経営者」は「真理を探究する者」という意味で書かれていますが、紛れもなく、『船井幸雄』という巨人は、経営コンサルタント業を通じて、真理を探究してきた方であり、そして、その経営コンサルタント業を通じて、「世の中の構造」と「人間の正しい在り方」を四十年以上研究し続けてきた方なのです。そして、クライアントへの経営戦略を究めていくと、究極は、経営者の「人間性の向上」にあると、船井幸雄氏は悟りました。

ノウハウ至上主義のコンサルタントとは一線を引き、独自のコンサルティング、すなわち、経営者の人間性を磨くためのアドバイスを、多くの経営者に伝授、また、書籍を通して、私たちに伝えてくださった方なのです。そして、その「人間性の向上」を究めていくと、「哲学」や「精神世界」などに到達していくこととなりました。

それは、昨今の「スピリチュアルブーム」以前の、「精神世界」のことが世の中にほとんど認知されていない早い時期、船井幸雄氏は「精神世界」についても研究、情報を発信し始めたのです。

私は大学時代に世界経済や国際政治を勉強していた時に船井幸雄氏の本に出会ったのですが、氏のような上場企業の創業者が、「精神世界」のことについて触れていることに、非常に驚いたと同時に、リスクを恐れず、真理を探究し、発信していく船井幸雄氏の姿勢に感銘し、深い尊敬の念を覚えたのです。

マインドコントロールの呪縛から目を覚ますことができない人たちは、船井幸雄氏を批判、バッシングすることが多々ありましたが、私は、氏の本を読み、未来に希望を持つことができ、嬉しく思ったものです。

そしてその頃から、船井幸雄氏の本から学んだことを、日常や仕事の中で実践し、人間性の向上に努めようとしてきました。私にとって、『船井幸雄』という巨人は、経営の専門家というより、人生の羅針盤のように感じていたのです。

そのように、当時の私に、精神的に大きく影響を与えた船井幸雄氏は、尊敬に値する人で、雲の上の存在のような人でしたが、それから十年以上の歳月を経て、私は、その方と出会うことになるのです。

二〇〇六年一月、当時、私が経営していた農業関連の事業が失敗に終わりそうな時、ボランティアで参加していた環境問題や平和活動に取り組む『NPO地球村』の代表である高木善之氏の秘書である江端佐江子さんが、「船井幸雄会長が京都に来るから、名刺交換しかできないと思うけど、お会いしに行きましょうか?」と誘ってくださったのです。

一〇年以上も尊敬し続けてきた船井幸雄氏にお会いすることができるとは夢のような話であり、非常に喜びました。そして、お会いしに行くと、当初は名刺交換だけのお約束でしたが、結局、一時間半に亘ってお時間を割いてくださり、様々なお話をお聞かせいただくという幸運に恵まれました。

お会いした時、船井幸雄氏から「君は何をしている人?」と聞かれましたが、会社が潰れそうな段階で仕事については言い辛い状況でしたので、とっさに「この日本の未来を心配している者です」と答えました（笑）。

それが良かったのか？「面白いね」と言われ、それがご縁で、船井幸雄氏との交流が始まったわけです。

その後、私は船井幸雄氏が主宰したＴＯＰ塾（現・船井塾の前身）の一期生として、毎月、熱海へと勉強しに行くこととなりました。そこで、船井幸雄氏から様々な情報やお話をお聞かせいただいていたのですが、当時の氏は、来たるべき大激変時代に向けた「ミロクの世の実現」を目指し、実現させていくための団体として、『にんげんクラブ』の構想を描いていました。

しばらくすると、その『にんげんクラブ』は創設され、その頃に私も、会員となったのです。

現在では、『にんげんクラブ』は、様々な分野の超プロの専門家、著名人、研究家から、ビジネスマン、主婦、学生などに至るまで、国内外問わず、老若男女・国籍・職種・立場などに関係なく、世の中を良くしたいと考える有意の人たちが集まる約五千名で構成される団体となりました。全国各地に支部が設置されつつあり、世のため、人類のために貢献したい人、真実の情報を学びたい人などがご参加されており、各地で様々なイベントや勉強会が開催されています。

『にんげんクラブ』が創設されてから三年後、そのイベントで船井幸雄氏の御子息である㈱船井本社（船井グループの持ち株会社）の代表取締役社長である船井勝仁氏と出会うことになりました。

船井勝仁氏は、船井幸雄氏とは全く違うキャラクターの持ち主で、とても気さくな方で、分け隔てなく誰とでも付き合い、接する優しい方です。初めてお会いした時に、私が企画運営するイベントに、ゲスト講師としてご出演いただくことをお願いし、それがご縁で、関係が深まっていったのです。

その頃すでに、船井幸雄氏は体調が悪く、船井勝仁氏が前線に立ち、㈱船井本社の代表として、ご活躍されていました。そして、5000名を有する『にんげんクラブ』の陣頭指揮を取り、ミロクの世の実現に向けて、動き始めていた頃だったのです。

そのタイミングで、私は、会員さんたちの横の繋がりを生みだすために、それまで考え続けてきた「支部づくり」を提案し、「代表会員」という肩書をいただき、この約二年間、船井勝仁氏と共に全国を回り、そのお役目の一端を担わせていただいてきたのです。

船井勝仁氏とは、それはもう、北海道から沖縄まで、日本各地方々回りました。特に二〇一〇年の（今となっては伝説の?）『高千穂弾丸ツアー』に行ってからは、何かに動かされているように、二人して全国各地に行きました。そしてその頃から、私の意図とは関係なく、何か大きなものに動かされているような毎日を生きることとなったのです。

『聖なるアーク』

以前、東京の汐留で、オーラカフェ二〇一二というカフェを営んでた時のことです。二〇一〇年十一月初旬のある日、海外帰りのチャネラーのMさんがお店に来てくださり、初対面の私の顔を見るなり、いきなり話し始めました。「あなたは、近いうちに、香取神宮へ行き、剣を預かりに行くわ。そして、その剣を、高千穂に持って行くことになります。高千穂に行くと、あなたのそばに霊能者の方が来ているから、その人が行くべきところへ、あなたを連れて行き、その剣をどう扱えば良いか指示されるので、あなたは言われる通りに動けばいいわ。そして、その通りに動いた時、その剣は、『聖なるアーク』になるの」と。

その話を聞いた時、私は非常に驚きました。というのも、その数日前に、ある方から、香取神宮をはじめとする東国三社へ行くのに誘われていたからです。しかし、高千穂に関しては、カフェを営んでいた私からすると、そう簡単に行ける場所ではなく、今ひとつ、リアル感に欠けた話に聞こえたのです。しかし、その日の夜遅く、高千穂行きの話が来て、一週間後、実際に、その通りになったのです。

十一月二十一日に、七田チャイルド・アカデミーの超右脳開発プロデューサーの山岡尚樹氏や仲間たち五十名ほどで、香取神宮を含む東国三社へと行き、また、その翌日の二十二日には、朝六時に羽田空港に集合し、日帰りで、㈱船井本社代表取締役社長の船井勝仁氏らと高千穂へと行きました。さらにその翌日の二十三日に、出口光氏、安部芳裕氏、山本光輝氏、船井勝仁氏、そして私などが出演するイベントがあったので、どうしても日帰りでしか、高千穂には行けなかったのです。

高千穂では、世間一般に多くの人たちが行く場所には行きませんでした。九州のチャネラーの方に、どうしても連れていきたい所があると言われ、多くの人たちには知られていない『真なる高千穂の聖地』へ行ってきました。

高千穂には約十名で行ったのですが、その内の二名がチャネラーでした。Mさんの言われる通り、そのチャネラーの方々が、私に、いろんな指示を与えてくださいました。そして、香取神宮から持ってきた剣を持って、神聖な儀式をしたのですが、言われるまま、動きました。宇宙からの受発信装置のような霊木と霊木の間に剣を刺したのですが、その瞬間、天空から、その剣に、精妙なエネルギーが降りてきました。剣を伝い、私の身体に入って行くのです。凄い衝撃でした。あまりにも突然の反応に、私は倒れてしまいそうになりました……。

その時からでした。私は、自分のカフェに顔を出せなくなるほど忙しくなり、全国を駆け巡ることになったのです。

日本巡行と東日本大震災

その高千穂から始まり、二カ月間の間に和歌山、奈良、富士山の聖地へと、次々と動かされることとなりました。

そして、極めつけが、唐人駄馬でした。唐人駄馬とは、足摺岬にある世界最大級の巨石群ですが、東日本大震災の約一週間前、高知市のアースキーパークリスタル協会会長の小川雅弘氏が、船井勝仁氏らと共に、私を連れて行ってくださったのです。ちなみに、アースキーパークリスタルというのは、アトランティス時代、地球の平和維持装置として、超巨大なクリスタルを十二体、地球のどこかに設置したものと言われています。

現在、そのうちの二体が発見されており、その内の一体はハワイのヒンズー教の寺院にあり、もう一体が高知市の小川氏の所にあるのです。高さ百七十五センチ、横百四十センチ、重さ一・六トンの巨大なクリスタルは、通称『Pちゃん』と呼ばれ、現在は、坂本龍馬の初恋の女性であった平井加尾が住んでいた家に置かれています。

さて、その時、白皇山の山頂付近にある宇宙母船のコックピットのような巨石に連れていっていただいたのですが、そこで、神秘体験をしたのです。

超太古、自分自身が宇宙から地球に降り立った時のイメージが湧いてきました。涙がこぼれるばかりでした。何のために地球に来たのかが、今までは漠然としていたことが、明確にわかったのです。私だけでなく、この地球で生きる人間皆が、各々、自ら志願して、この地球という特殊磁場の星へとやって来たイメージが湧いてきたのです。

私たちは宇宙船地球号の乗組員

私たちは、何のために生まれ、何のために存在し、何故、今ここに居るのか？　この問いに対し、これまで多くの賢人たちが、その答えを出してきました。私もまた、それなりに考えていたつもりでしたが、唐人駄馬での体験で明確にわかったことがあるのです。それまでの私自身は、自分がこの世に生きてきた証を残せるような生き方をするべきだと感じていましたが、その体験によって、そういうものは一切必要なく、大宇宙の一部として、日々淡々と、自分自身の天命をこなして行くことが尊いことだと感じたのです。

確かに、自然界を見渡しても、あらゆる生物は淡々と生きています。杉の木もシダ植物もタンポポも、ありのまま、己の天命を淡々と果たしていくかのように生きています。そのような「淡々さ」が大切なことを、身をもって理解したのです。グローバリゼーションが蔓延することによって、人間界では、自然界に喩えると、シダ植物もタンポポも皆、杉の木を目指したかのようです。シダ植物はどこまで行ってもシダ植物です。それが情報操作によって、誰もが杉の木になれて、杉の木になることが幸せになることだと勘違いさせられた結果、シダ植物は杉の木になれないことで、心を病ませていきました。

杉の木は杉の木の一生を、シダ植物はシダ植物の一生を、タンポポはタンポポの一生を全うし、また、全うしていくそれらが各々、自然界という船の乗組員として、各々の役割を果たし、相互に関係し合い、船が動いて行くように、自然界は循環の法則を維持しつつ、成長して行くのです。そういうことがわかれば、人間もまた、心を病ませることはなくなり、リラックスして、緩く、そして、天命成就百パーセントの充実した人生を生きて行けるとわかったのです。

人間は誰もが、この世に誕生してくる時に、各々自ら決めた『天命』を持ち、また同時に、その『天命』を果たすために必要な特性を持って生れてきています。あらゆる人々が自分自身の『天命』と『特性』を自覚し、淡々とこなしていくことで、喜び溢れる人生を生きていくことができると知ったのです。

そして、その天命とは、宇宙船地球号の乗組員の一員としての自覚を持ち、この星や社会の進化に貢献し、同時に、それを果たすために、自分自身の魂を成長させていくことであるとわかったのです。

傍観者や乗客では駄目なのです。乗組員としての自覚と天命を果たしていくという覚悟が大切なのです。

天命から遠ざかる欧米型自己啓発ノウハウの洗脳

ところが、自らの天命を忘れ、目に見えるものだけ、物質的なことだけ、仕組まれた価値観などに囚われて生きてしまっている人、さらには、「自分には何もない」と勘違いし、知識や情報、ノウハウや波動グッズなどを身に付けることばかりを意識してしまい、肝心の中身を磨かない状態に陥ってしまいがちな人というのは、知識武装や情報収集に囚われてしまうことが多々ありますが、知識や情報、ノウハウやテクニックが豊富であることと、魂が磨かれていることとは別次元なのです。

確かに、知識やノウハウを学ぶことが、魂磨きの入口になることもありますが、情報社会に洗脳されてしまった人たちというのは、往々にして、知識や情報を収集することで終わってしまうことが多いものです。情報収集することで、一時の満足感や安心感を得たり、あるいは、一時の枯渇感や恐怖感から解放されたりと、情報ばかりを追いかけてしまう深層心理（恐怖感など）に気づかず、自分の闇と向き合わず、そこを癒さず、魂磨きのできない世界の堂々巡りをしてしまうのです。

私自身もそのような時期があり、かなりの量の本を読んだり、自己啓発などのセミナーに通ったりしていた時期がありましたが、やりきった時に、それらの中に多くの洗脳があることに気づいたのです。

特に自己啓発の多くは、そのルーツがアメリカのエサレン研究所やイギリスのタビストック人間関係研究所のノウハウに行きつくと言われています。

ネガティブな時に、無理矢理ポジティブにしようとすることほどネガティブなことはないのと同じように、欧米の自己啓発の多くは、天命の道から人々を外していく洗脳だったのです。有野真麻氏が言われる「願わなければ、叶う」と言うのは、まさしく真理なのです。

東日本大震災と天命成就の道

唐人駄馬での不思議な体験から三日後、東日本大震災が発生しました。私が、船井勝仁氏と共に、品川の㈱船井本社の会議室で会議をしている時でした。たまたまその日は、船井幸雄会長も来ていました。

地震の揺れが大きくなるやいなや、私は、隣の会長室に居る船井幸雄会長のことが心配で、すぐさま、会長室へと飛び込むように入っていきました。会長室中央にある机が大きく揺れ、観葉植物などが倒れ、壁にかかった絵などが揺れ動いていました。私は、手と足を使ってそれらの動きを止め、地震の揺れが収まるのを待ちました。

私は阪神淡路大震災も経験しているので、比較的冷静に対処することができたと思いますが、あの地震で、本当に深く自分自身の天命や特性について考えさせられました。

三・一一の東日本大震災の時、スピリチュアルなことを勉強している多くの人たちは、「遂に来たか！」と思ったことでしょう。「来る」ことがわかっていても、何もできなかった人々は、後悔したことでしょう。また、天変地異が来ることがわかっていても、来るまでは、いつも通りに惰性で生き、これまでの延長線上で要領良く生きようとしたり、あるいは、空虚な楽しみを見つけて、今まで通りに生きようとしていた人も多かったかもしれません。

しかし、あの地震で多くの人たちに、本気で生きることのスイッチが入りました。特に被災地の方々は、それまでの人生が一転し、今もなお、命懸けで前向きに生きていらっしゃいます。しかしながら、日本列島で暮らす全ての人々が同じように意識が覚醒したわけではありませんでした。あのような悲惨な大天変地異が起こったにも関わらず、今まで通りの生き方にしがみつこうとしている人たちは多いのです。

そして今また、多くの人々は、「次は、いつ来るんだ?」、「何が来るんだ?」と、近い将来、ふたたび何かが来ることをわかっていても、目新しく何かをするわけでもなく、内観し、自己の成長を促すわけでもなく、今まで通り生きようとしている人々も多いのです。悲しいかな、人間というのは、何かが起こってからでないと動けないのでしょうか？　現象が起こり、その現象に追われ、その現象をいかに対処するか考え生きて行く。これまでは、そのような生き方でよかったのかもしれませんが、私たち人類が次のステージへと進化するためには、もはや、現象に追われ、現象を追いかけていくような生き方は時代遅れになってくるのではないかと感じます。自らが、現象をプロデュースしていく時代へとなっていくのだと感じます。

二〇一二年、大激変に関する緊急情報

誌面の都合上、申し訳ないことに、非常に中途半端な内容になってしまっていますが、最後に、冒頭で言いました「二〇一二年、大激変に関する緊急情報」について記しておきます。特筆すべきものとして、チャネラーRさんに乗り移った意識体の言葉は非常に驚くべきものでした。それは、素戔男尊《すさのおのみこと》と大国主命《おおくにぬしのみこと》からの私へのメッセージというものでした。

瀬戸内海ツアーから帰ってきた翌日、そのチャネラーRさんからお電話をいただきました。電話に出るやいなや、そのRさんの身体に、何らかの意識体が乗り移り、いつもとは全く異なる声、言葉遣いで話し始めました。

そこで私に伝えられたのは、近未来の日本に関する情報でしたが、その内容は、私が最も避けたかった現象の一つでした。「未来は決まっている」と言われる方もいますが、仮にそうであったとしても、「未来は変えられる」と考えないことには人生は面白くないですし、未来というのは、私たちの意識次第で、その瞬間瞬間、刻一刻と変わっていくと考えていた私にとっては、そのような預言は受け入れがたいものですが、その時ばかりは何故だか、その信憑性を感じたのです。

そして、さらに驚いたのは、それからちょうど一週間後、私が瀬戸内海ツアーの後、東北を回り、東京に戻ってきた日の三月十三日のことでした。高円寺で、未来予測の分析に長け、話題性のある最新の情報を次々に送り出している著名なS先生に、能力開発で有名なX先生をお引き合わせしようとお会いしていたのですが、その時に、S先生から衝撃的な話が出てきました。

それは、先のRさんの預言と全く同じような内容のものだったのですが、情報ソースの全く異なるところから、関わりの全くない別々のルートで、同じような情報が私のもとへと届いたシンクロに非常に驚きましたし、また、その数日前に東北で、突如、別のチャネラーであるLさんの身体に乗り移った意識体が、私に「急いでくだされ！」と言われてきた内容が大いに重なり、その近未来予測への信憑性が非常に高まったのです！　しかも、それらはそれほど先のことではありません。おそらく、本書の元となっている、e-bookが出た二カ月後くらいのことだったと思います。

その内容は、富士山の噴火に関する情報でした。

「五月の下旬に、富士山及びその周辺で、何らかの異常が発生するが、その異常に関しては、ほとんどの人々は気づかない。さらに六月四日に、あからさまにわかる異常が発生する。その異常は、富士山が本格的に爆発する前の最終的な自然界からの警告であり、その異常を知った者は安全な所へ避難するべきとのこと。

そして、六月六日、富士山が大噴火するとのこと。噴火によって、火山灰が富士山周辺だけでなく、関東エリアにも飛んでくる。少なくとも二センチほどの火山灰が積もるので、交通機関はもちろん、都市機能が麻痺する」とのことでした。加えて、その著名なS先生によると、六月四日に避難しなかった関東の人たちは火山灰に埋めつくされた街を徒歩で移動し、東京湾に出て、安全な場所へ避難するしかなくなるし、また、気をつけてほしいのは、富士山の火山灰にはガラス質のものが含まれているので、吸い込むと危険であるから、ゴーグルや火山灰用のマスクを用意しておいた方がよいと言われていました。

ご存知の方も多いでしょうが、富士山に関して言うと、すでに一年以上前から水蒸気爆発が起こっています。実は、東日本大震災地が起こる前の月まで、私は、数カ月間、毎月のように、富士山の御神事に行っていたので、その当時から、富士山の水蒸気爆発を見ていました。

そして、今年の一月に、船井勝仁氏、中矢伸一氏らとイベントをするために富士宮に行った時、以前見た時の何倍もの水蒸気が噴きあがっていたのを目撃し、非常に驚きました。しかも、私たちが行った一月二十八日から二十九日の二日間は、十五もの地震が富士山周辺で起こった時でした。

そういうこともあり、チャネラーのRさんやS先生の言われることの信憑性を感じたのです。確かに、その通りになるかどうかはわかりません。預言というのは、当てるためではなく、外すためにあるのですから。しかしながら、日々、全国を駆け巡り、多くの人々の意識を観察していると、東日本大震災のような大惨事があったにも関わらず、変われない人々の意識を感じることが多々あります。そのような状況のままでは、次の天変地異が起こることも想定しておく必要があるかもしれないのです。

霊性進化への道

それでは、私たちは、何を、どうすればいいのか？　と考えるわけですが、それは、米や水を買い占めることでも、標高の高いところに移住することでも、あるいは、日々流されて生きることでも、人生を悲観したり、楽観したりすることでもなく、先にも書きました天命成就の道を、一人一人が生きることだと感じます。

人類進化、地球の大激変のこの時期です。本当に私たちが今、するべきこととは何なのかをよく考えて、生きるべきなのでしょう。私は何よりも、自分自身の意識を覚醒し、魂を光磨かれた状態にしていくことが急務であると感じています。すなわち、「現象」を追いかけたり、追いかけられたり、あるいは、その「現象」の「対処」に明けくれたり、さらには、「欲望」に身を任せ、「天命」とは別の生き方を選択してしまったりするのではなく、一人一人が、意識を覚醒させ、本来の自分自身となり、次のステージ（視点）へと上がっていくことが大切なのではないかと感じます。

かつて、中村天風氏が「心に使われちゃ駄目なんだよ。心の主とならなきゃならないんだよ」と言われていたように、本当の自分になり、本当の人生を主体的に生きることが大切なのではないかと感じます。

私たちは、日々、忙しさのあまり、目の前の現象に、無意識に一喜一憂してしまい、「本当の自分」を忘れてしまいがちです。「人間」とは、本当はとてつもなく凄い存在物であるにも関わらず、その凄さすら忘れてしまい、信じられなくなり、ついつい、外にある何かに頼り、手に入れようとしてしまいがちです。

しかしながら、過去のデータもノウハウも通用しない今、外に目を向けてばかりいたのでは、本当に気づいた時には、「自分は何のために生きていたんだろう?」などと悩みだしてしまうのが、よくあるパターンです。

あなたの悩みも、あなたの不安も、世の中の不調和も、解決できるのは、あなた自身であり、ひいては、私たち一人一人が意識覚醒し成長することにしかないと思うのです。そして、私たち一人一人が今まで以上に成長し、傍観者でもなく、観客でもなく、乗客でもなく、自らが志願して、宇宙船地球号の乗組員として、この世に誕生したことを思い出すことができれば、各々のお役目を自覚し、地球と人類の天命を果たすことへの貢献に喜びを感じられるようになるのだと感じます。

また、それが、あらゆる人々が活き活きと暮らせるミロクの世を実現していくための行動となっていき、同時に、私たちの意識が成長することで、大難が小難になる。あるいは、「大難が小難になる」と感じる意識レベル（人間性）になることとなり、それが、天変地異を起こさない、あるいは、天変地異が起こっても、被害を最小限にする最大の防御策になると感じるのです。

神様の立場になって考えると、私たちに成長して欲しいわけです。だから、真理に気づいて欲しいから、親心で、断腸の想いで、いたしかたなく天変地異を発生させざるを得なくなっているのかもしれないのです。

二〇一一年三月十一日の東日本大震災の直後、私は、私の大好きな瀧原宮（三重県）と、滝行でお世話になっていた椿大社（三重県）へとお参りに行き、神様に、まずは常日頃の感謝の想いを伝え、同時に、己の至らなさを深くお詫びし、そして、神様がもう二度とこのような天変地異を起こす必要がないようにするためにも、私は、微力ながら己の天命を全うすることを誓ってきました。

多くの人々の命が奪われた大地震。スピリチュアルな側面で考えると、必要必然だったのかもしれませんが、勉強不足な私レベルの人間としては、家族を亡くした人たちの気持ちを考えると、それらは、生き残った人間たちの意識覚醒を促すための必要なプログラムであったとしても、あるいは、人工地震などであったとしても、その大地震が起こってしまったことは、外の誰かの責任ではなく、私たち一人一人の至らなさが原因であると感じたのです。

私たちが、各々、役割を自覚し、天命に生きているような状態ならば、多くの人たちが死んでしまうような大惨事は必要なかったのかもしれません。大いなる宇宙の意思を考えると、それは、馬鹿息子に成長して欲しいと、涙ながら、厳しさを与えるようなことと同じように感じたのです。

「挑戦」と「試練」は、似て非なる言葉です。私たちが、この地球に、何らかの目的で降り立っているならば、その目的ならびに目的らしきことに挑戦していくのは大切なことであり、それを忘れ、生きるべき道から外れていけばいくほど、あるいは、生きるべき道を放棄してしまうと、天命成就の道への軌道修正の如く、大きな試練がやってくるのです。

人間というものは、自分の闇になかなか目を向けることのできない生き物です。自分に都合の悪いことや失敗は、目をつむりたくなるものです。自分の至らなさがわかっていても、見て見ないふりをしてしまうこともあるものです。

でも、国常立尊が現わしになった今、もう、それはできなくなりました。今まで逃げてきたことが、全て、膿のように表面に出てきます。現在の国際金融情勢のように、闇を先送りにしてきたけれども、もう、リミットなのです。美味しいところ取りはできないのです。

かつて、親鸞は『歎異抄』の中で、「自分が悪人だとわかっている人ほど救われる」と言われていましたが、私が言わんとすることも、それに近い部分があります。

しかし、欧米化やグローバリズム、競争社会が進むにつれ、そのような日本的感覚は忘れさられていき、替わって、「どんな手段を使っても、勝ったものが正しい」ような風潮が広がり出し、日本はおかしくなってしまいました。そして、その歪みが今、極限まで来ているのです。東日本大震災から一年経った今、原発はまだあります。政治も変わっていません。世の中の大部分は変わっていません。

神様のお気持ちを考えると、本当に辛くなります。また、東日本大震災で亡くなった方々の尊い命を考えると、本当に今、私たちが変わらないと申し訳なくなります。今のところ、私たちは肉体を持った生命体です。ですから、この肉体を持って、行動し、亡くなった方々も神様も喜ばれる世の中を創り出して行く必要があると感じます。行動こそ、最高の祈りだと思います。「行動」は「神動」であり、愚直でも、行動するものに神様は応援するものだと思います。

握ったものは手放さないと、次のものが握れません。ミロクの世を実現するためには、これまでの社会を手放す時が来るのです。この今の社会を維持しつつ、楽して、次のミロクの世を実現しようなんて、美味しいところ取りのできる状況では、もはや無くなったのです。赤ちゃんが生まれる時、痛みが発生するように、ミロクの世を実現させる時には痛みが発生するのです。

しかし、その痛みも、自ら主体的に挑戦すれば、最小限に抑えられるので、天命成就に向けて、挑戦していけばいいのですが、逃げると、追いかけられるのです。追いかけられるというのは、試練を与えられるということなのです。同じ課題があったとして、挑戦するのと試練を受けるのとでは、精神的苦痛が全く異なってきます。

ですから、先にも「挑戦」と「試練」は似て非なる言葉であると書いたのです。とは言え、挑戦とは辛いことをすることではありません。自らの天命と特性を自覚し、こなしていけばよいのです。この世に生れてくる時に、自分と決めたことだから、気づけば、簡単にできることなのです。だから、大丈夫なのです。

私たちは、この宇宙船地球号の乗組員です。誰一人、乗客はいません。私たち一人一人が、この地球に来た本来の目的を思い出し、こなしていけば、一人一人が成長するのです。そして、それは社会全体を成長させ、宇宙全体が成長するのです。

宇宙の基本法則は、「生成発展」です。どんなに蛇行した川もいずれは大海へと繋がっていくのと同じように、私たちは、これまで遠回りしてきたかもしれませんが、必ずや、大海へと辿り着くのです。

だから、それが本当にわかれば、あとは、こなすだけなのです。アセンションは難しいことではありません。「素」に立ち返った時、瞬間に成就するのです。

TAKUYAの巻

「2012年日本再生への道のり」

私の表向きの本職は金融屋なので、経済の話を少しするようにと白峰先生から依頼された。肩の凝らない話をした方がいいのか、まぁ大変な年だから思い切り政治経済の問題を正面からあたるような話がいいのかちょっと悩んでいるので、両者をミックスしたような事柄を伝えさせて頂くことにする。

貴方は、やはり高齢化、そして財政赤字、次世代に負担を残さない、五％の消費税引き上げというプランはやむを得ない、したがって増税賛成なのだろうか。逆に、やっぱり今の政府はけしからん、したがって増税は絶対反対という立場だろうか。その答えをまずご自身の心の中で描いてから続きをお読み頂きたいと思う。

昨年三月十一日の東日本大震災のあと、一人一人に一体何ができるだろうか、自分に何ができるだろうかということを皆が考えさせられたはず。一九二三年に関東大震災があり、後の内務大臣兼帝都復興院総裁の後藤新平が『復興史』という大変立派な本を書いている。震災で一体何が起こったのか、そして何が上手くいって何が上手くいかなかったのか。それを何年かかかって取りまとめたものである。後藤新平はそれを英語に翻訳した。当時の日本も世界から助けられた。去年、実は日本は世界最大の援助受入国になったことをご存知だろうか。対外的な援助というのは今までスーダンが一番の受入国だった。因みにスーダンという国の一人当たりのＧＮＰは日本の十五分の一程度。十五倍ある日本が世界で最大の援助を受け入れる国になってしまった。世界から本当にケアされている。絆は決して国内だけではない。世界との絆も忘れてはならない。

同じような状況が関東大震災時にもあったが、後藤新平は復興史の英文の前文の中に素晴らしいことを書き記している。「日本にあったことを是非知ってもらいたい。良いことも悪いことも全部知ってもらいたい。それをお知らせすることこそ、世界から助けてもらった日本の世界に対する恩返し（repayment）である」と。

復興の取り纏めというのは最終的には政府が数年かけてしなければならないが、半年後、一冊の本が出版された。それが『日本大災害の教訓』というタイトルの書籍。英語でも出版されたが、それがダボス会議で三千人の参加者全員に事務局から公式テキストとして配付された。教訓を是非世界に伝えていきたいということで、今後は北京大学と高麗大学がそれぞれ中国語と韓国語で出版することになり、日英中韓ほぼ同時出版される。日本人はこの出来事を十二分に承知しているつもりでいるが、それでも沢山の知らなかったことや気づきがあった。例えば今回二万人近くの方がお亡くなりになり、また行方不明になられたということは痛恨の極みであり、私たち日本の対策が不十分であったことは間違いない。しかし、これまで日本人が営々と日本人らしく積み重ねてきた努力は部分的には活かされていた。そのことは我々自身がしっかりと評価し、その上で世界に発信しなければならないと思う。

地震から3分後に全ての市町村に津波警報が出された。そんな国は他に殆どないだろう。さらにそれから二十分後ぐらいに今度はGPSで押し寄せる津波の高さを測り、全ての市町村に津波の高さが十メートル規模になる虞《おそ》れがあるという警報が出された。実はほぼ同じ規模の地震が二〇〇四年十二月にインドネシアのスマトラ沖で起こっていたが、あのときに実に二十三万人の方が亡くなったことは記憶に新しい。日本でも津波のダメージを受けた地域には五十万人の人が住んでいた。そのうち、二万人が亡くなられたのは誠に痛恨の極みではあるが、これは一方で四十八万人の方が生き延びたということも意味している。一つ一つの努力の積み重ね、警報システム、避難訓練、耐震基準。そういうものをこれからも我々は積み重ねていかなければならないというのが一つのメッセージなのではないだろうか。

あの時、二十七編成の東北新幹線が東北の地域を走っていた。後から聞いたところでは、全て地震到達の六十秒前に中央制御でブレーキがかかっている。地震のP波を感知してブレーキをかける、そのあと六十秒後に地震がやってきたときには、二百キロで走っていた列車は百キロ以下になっていた。だから、脱線事故は一両も起きていない。二〇〇四年の中越地震の時は脱線が起きた。それを反省してシステムの改善がなされていた。都市ガスは、各戸のメーターのところにマイコンメーターが付いており、一定の震度で揺れると全てのガス供給を自動的に停止させる。今回は過程の台所から出た火災というのは殆ど聞かれなかった。これも一つの大きなポイントなのではないだろうか。

阪神淡路大震災が起きたのは一九九五年一月。丁度Window95というシステムが出た年であり、年末の流行語大賞は「インターネット」。従って九五年にまさにインターネットが爆発的に普及したのであり、阪神淡路大震災時にはまだそれほど普及していなかった。今回の三・一一大震災というのはインターネットが完全に普及し、デジタル元年になってからの初めての大震災ということになる。日本とアメリカを結ぶ太平洋上のインターネットケーブルがあの地震で半分断絶していたことをご存知だろうか？　あれだけの地震と津波があったのだから、海底ケーブルが半分切れてしまってもおかしくない。しかしこれが専用回線だったらアウトだったが、インターネットのシステムというのは空いているところを巡って到達してくるため、回線が半分切れていたことを知らずに我々は過ごしていた。これは如何に分散型のシステムが有効かということを私たちに教えている。

多くの方はあの時、家族や会社との安否確認を携帯のメールで行っていた。これはインターネットが普及していたからできたとも言える。しかし、インターネットには弱点があるということも同時に分かっていた。それは、「電力」。電気がないとインターネットは使えない。それに対して今回分かったことは、この社会では皆十時間ぐらい使える携帯のバッテリーを持っていたということ（しかも日本人は真面目だから大体寝る前に充電していた）。実は分散型のシステム、分散型の逐電を持つことが如何に重要かということも教えられた。従ってその後家電メーカーは家庭用の蓄電池マーケットに注目し、技術をさらに高めるという機運にも繋がった。こうしてみると、やはりいくつかの教訓があった。

しかし、反省すべき点も本当に沢山ある。阪神淡路大震災の時は、震災三日後に復興担当大臣が任命されている。しかし、今回の復興担当大臣の任命には三カ月半かかっている上に、漸《ようや》く任命された大臣が失言により一週間で辞任。更には補正予算について比較してみると、阪神淡路のときは四カ月後に復興の予算がついたのに、今回、実に八カ月と十日もかかっている。ここに一つの歴史の教訓がある。速くなければ駄目なのだ。エコノミストはこれを「履歴効果」という風に言う。履歴というのは、未来は今に決まり、今は過去で決まるということ。これは例えばサプライチェーンの崩壊が今回問題になったが、部品メーカーがダメージを受けて生産がストップする、しかし半年後にその部品メーカーが工場の生産を再開したとする。皆さんはその製品を買うだろうか。いや、申し訳ないが別のところから調達しているから結構だということもままあるだろう。つまり、一度逃げたお客様は帰ってこない、これが履歴効果の意味。だから速くしないといけなかった。

ところが、予算策定に前回の阪神淡路では四カ月だったのに今回は八カ月と十日も時間がかかった。政策論としてこういう点の反省も必要だと思う。

私たちが反省すべき一つの点は、「小さな安心にこだわる余り、大きな安全を放棄してしまった」ということ。まさに原発事故の話である。安全だ、大丈夫だと語り、その結果として危機対応指針というものを表向きに作れなくなった。そのための技術開発に大きなお金をかけられなくなった。小さな安心を求めたがために、結果として大きな安全が損なわれてしまった。このキーワードは気が付いてみると我々の目の前の経済にも非常によく当てはまる。例えば失業があれば、それは大変だと。だから失業しないように雇用調整給付金というものを出して、とにかく今は首を切らないで抱えるようにしろ、と企業に補助金を出した。

その間雇用は守られたが、労働の自由な移動が阻止され、有効な資源配分ができない、つまり有効に人が活用されず産業競争力はどんどん弱くなっていった。先般発表された内閣府の推計では雇用調整給付金等々で抱えられた企業内の実質失業者が四百六十五万人も存在する。表向きの失業者数は三百万人弱で日本の失業率は低いのだが、その他に四百六十五万人の企業内失業者がいる。これを足し合わせると、日本の失業者は十二パーセントにまでなってしまう。十二パーセントの有効な労働資源が活かされないならば、経済が成長できるわけがない。小さな安心と大きな安全、そこに対する警告を我々は真摯に受け止める必要があるのではないかと思う。

原発事故の話については震災後一年が経ち、これから色々な検証が進むと思うが、気が付いてみると原子力に関する全てが実は東京電力の掌の中で行われていた。政府の中にはそれをチェックする保安院や原子力安全委員会がある。しかし、データは全て東電にもらっていた。技術も全部東電に聞いていた。全てが東電のキャパシティの中でしかできなかった。当時の首相がある日朝五時ぐらいに東京電力に乗り込んで怒鳴りつけて、そしてちゃんとやれという風に言ったと報道されている。なんと大人気ないことをするものだと多くの人が思った訳だが、しかし皮肉にも、あれが唯一できることだったのかもしれない。つまり全ては東電の手のなかにあったので、これも教訓として受け止めて、やはり本当に安全を確認するのならば電力会社とは独立した技術やデータを持った組織の存在がないと、チェックができないのではないかという議論が必要になってくると思う。

こういうことを踏まえて私たちは新しい教訓を学ばなければならないが、今年の経済は大変厳しくなってくると言わなければならない。幾つかの意味で本当に厳しい年になる。今年はElection Year、多くの国で政治のトップが変わる。それぞれ国の抱えている問題点は違うが、一方で共通している問題もある。それは敢えてキャッチーに言えば「社会不安とポピュリズムの悪循環」ということになる。経済が悪い、悪いと失業問題や格差の拡大といった社会不安（social unrest）が高まる。社会不安が高まると、政治が「助けてあげる、安心を与えてあげる、生活が一番」という風に言う。そのために財政を拡大する。しかし財政を拡大して補助金をばら撒いても経済が良くなるわけがない。むしろ中期的には悪くなるかもしれない。それで財政だけが悪くなる。そこで益々財政不安になって今のギリシャのようになり、社会不安が益々増大する。つまり程度の差はあるが、社会不安とポピュリズムの悪循環の中に陥るおそれ手前に今の日本は立っている。

選挙の年の政治の大きな課題は、この悪循環を断ち切るようなリーダーが出てくるかどうかということ。これは何を問われているかというと、民主主義が問われている。日本でも自民党が駄目で、そして民主党も駄目で、そうするとどうなるか？　普通こういう状況下では歴史を振り返ると、二つのことが起きる可能性がある。それは軍事クーデターが起きるか、或いは独裁者が出てくるか。

もちろん日本はそういう風に直ぐにはならないが、こういう時に橋下徹氏のような人物にスポットが当たるというのは、ある種新しいタイプのリーダー（独裁者とは言わないが）、そうした人物を社会が切望していることの表れではないかと思う。世の中において非常に不安定化する政策を打ち出すリーダーを選ぶのか、或いは辛いけどこれをやっていこうというリーダーを選ぶのか。それが今年の各国の共通した点であろう。

更に今年は、欧州要因というものが入ってきた。リーマンショックは、基本的には米国で不動産バブルが崩壊し、そこに非常に複雑な金融商品が絡むことで金融機関がダメージを受け、それが世界に波及した。日本の金融機関の多くは直接ダメージを受けたということではなかったものの、フィナンシャルタイムズの分析によると、リーマンショック時に何故世界にあのようなことが起こったのかというと、実は金融を通じて起こったというよりは対外的な貿易取引、収支、バランスを通じて起こったと記している。だから輸出に依存して設備投資が決まる、ないしはそのときに為替レート政策が必ずしも適切ではなくて為替レートを凄くあげてしまった日本が世界の中で最も強く影響を受けた。

あの時、日本の経済成長率はマイナス六パーセントぐらいになり、世界で最も大きなダメージを日本は受けた。つまり、外から台風がやってきたときに非常に脆弱な体質を持っている日本経済そのものが大きな影響を受けた。

今回欧州から来る台風はリーマンショックよりも大きくなる可能性があるかもしれない。これはソブリンリスク、財政の問題という風に言われるが、財政の問題はあくまで財政の問題である。これが実体経済を悪くするメカニズムは間違いなく金融機関、特に銀行を通じて悪化する。まず国債が暴落する。国債を持っているのは誰かといえば圧倒的に銀行である。銀行のバランスシートが悪化することによって収縮が起きる。自己資本比率を高く見せようとして現実にバランスシートを収縮させている。そういうことが実際に世界中で起こっている。それもできなくて金融機関が破綻するようになれば、今度は連鎖反応（chained reaction）でまさに信用不安そのものが起こってしまうリスクがある。欧州は通貨を統合した一方で、財政政策は統合されていない。

ここまでは周知のことだが、実は銀行に対する行政、金融行政が統合されていない。これはどういうことかと言えば、自分の国のカウンターパートはそれぞれ何処の国の誰なのか驚くほど分からない。何を言いたいのかと言えば、日本では銀行の行政は金融担当大臣、昔は大蔵大臣（財務大臣）。今でも国によっては大蔵大臣が担当しているところもあるし、中央銀行総裁が担当しているところもあるし、金融庁のようなところをつくって担当している国もある。それがバラバラで、そういう人達が集まる場所がないということは問題である。G8のサミットというのは大蔵大臣が集まる。日本から大蔵大臣が出席しても銀行の行政を担当していないから、そういうところに行っても直接の担当ではないからよく分からない。そういう有効な場所がふと気が付いてみると存在していない。金融担当、銀行行政の担当の人が集まれる場所を非公式につくったらどうか？　ということを、今年のダボス会議で日本が提案している。

去年まではなんだかんだ言っても世界には幾つかのSafe Harbor（安全な港）があった。世界は厳しいが、中国に投資をしていれば大丈夫だろう、中国経済は成長するだろうと。中国が世界のSafe Harborだった。意外と身近なところでは、通貨に関しては元がSafe Harborだったかも知れない。元に投資しておけばそんなに大きな損はないだろうと。しかし最近の中国の状況を見てみると、このSafe Harborが少し崩れ始めていると言えるかもしれない。そのような状況下でリスク管理を行う要請が益々高まっている。

その点で一つ日本に当てはまる状況があるとすれば、復興特需というとんでもない金額のお金が暫くはあるということ。これは十五兆円規模だからＧＤＰの三パーセントのマネーがまわる。この三パーセントのマネーは目の前のＧＤＰを間違いなく押し上げる。

その押し上げ効果に助けられている間に我々自身がきちっと体制を整えておくべき。因みにある人によれば、仙台の夜は景気がとてもよく、キャバクラは満員であるとか。確かに夜の仙台やいわきの夜の街は非常に賑わっていることは週刊誌等で漏れ聞こえてくるが、これは間違いなく復興資金であろう。しかし、復興資金には宿命がある。復興需要は必ず出てくるが、しかし必ず終わるということ。その間にきちっと体制を整えておく。Safe Harbor がある中で、そしてリーマンショックより大きな台風が押し寄せる中で、必要な備えをしなければならないということだと思う。

いま日本が直面している政治的或いは経済的な課題について、是非問題提起をさせて頂きたい。昨年十二月末にＮＨＫスペシャルで消費税増税の話が取り上げられた。この番組の三時間程の番組放送中に一万一千本の電話とファックスがＮＨＫに寄せられた。実に九十九パーセントが増税反対のファックスだったらしく、局の人がびっくりしていたそうだ。もちろん、サイレントマジョリティが存在する（ＮＨＫにわざわざ電話してファックスを送る人はちょっと変わった人たちかも知れないが）。是非ひとつの考えとして受け止めて頂きたいのだが、二〇一一年末の日本の株価終値は八千四百四十五円だった。二〇〇六年九月末の株価は幾らだったのか覚えておられるだろうか。実は一万六千円だった。あの時の株価から半分になっている。これは正常な姿だろうか。リーマンショックがあったからだろうか。いや、二〇〇六年にリーマンショックがあったが、二〇〇八年から三年間のあいだの株価の動きだけみても異常と言える。

日本の株価は五パーセント下がった。米国の株価は三十九パーセント上がっている。悪いといわれている欧州でもドイツやイギリスの株価は二十五〜二十六パーセント上がっている。日本は異常値である。過去五年間での成長率はどうだったか。実はデフレの問題もあるので、名目成長率で見たらどうなるか。日本の名目成長率はこの五年間の平均で約マイナス一パーセント。名目成長率がマイナス一パーセント。米国や英国は大体三〜四パーセントぐらい。これが普通の水準。

日本は人口が少なくなっているから、ある程度は割り引いてあげることが必要かもしれないが、それでも普通の国が三〜四パーセント成長している一方で日本はマイナス成長だった。過去三年で日本の就業者の数値はどれくらい変化しただろうか。百四十万人減っている。日本は、失業率はそんなに高くないじゃないかと。それは要するにもう働いても駄目だということで労働市場に参加しなくなっているからと言える。

人口が減った要因は殆どない。生産年齢人口は微減だがほぼ横ばい程度。しかし百四十万人減っていて、しかも働いている中にも四百六十五万人も実際に補助金で塩漬けされている方がいる。日本の労働市場も異常ではないだろうか？　何故なら経済が異常となるような政策を採ってきたからに他ならない。例のモラトリアム法は小さな安心。中小企業は銀行に対してリスケジュールしてくれと。返せないからちょっと待ってくれという風に言われたら、銀行は認めてあげなければならない。強制ではないけれども協力をしなければならない法律。この要請が百万件を超えた。

これらは普通であれば不良債権だから、実は隠れ不良債権が一気に五十パーセント増えたという推計を日銀が行っている。更には労働規制を行った。本当であったら働きたい人が沢山いるのに、全員正社員でなければ働いてはいけないというような形の法律改正をしようとしている。こうなれば企業にとってはもう雇えないのだから、日本の外に出ていくしかない。他にもある。本来であれば市場の中で淘汰されてしかるべき企業を救済した。救済しても救済してもどんどん悪くなる。そうして一部の企業に恩恵を与えると産業全体が弱くなるといったことが生じている。それがこの異常な数値に表れている。

この異常な数値が普通になったらどうなるか。日本の成長率はマイナス一パーセントだが、これが三パーセントになったらどうなるか。そういうことを考えていくと、消費税の増税を議論する前に整理しなければならないインフラが幾つかある。そのインフラとはまず経済を正常化することに他ならない。経済を正常化し普通の成長率に戻っていけば、五年後の税収は十兆円単位で増加する。そして二番目のインフラは「徴収」というインフラである。皆税金を払っている、保険料を払っている。でも保険料を払っていない人が一部いる。国民年金は未納率が四割に達する。四割の人が払っていないという現実。これをちゃんと取ったらどうか。税金にもクロヨン、トーゴーサンと言われるように、農家や一般の自営業の分は捕捉されていない。そういうものが積り積もった結果、ある推計によると実に十二兆円分を年間で損していると。ちゃんと集めることができれば十兆円以上は出てくることになる。つまり経済を正常化すれば税収は十兆円増える。徴収をちゃんとすれば十兆円増える。更にもうひとつ、これも殆ど議論されていないが、今回の予算の規模は一般会計九十七兆円、表向きは九十五兆円だが隠れ借金を入れれば九十七兆円の規模になる。日本はいつからこんな数値だったのか。二〇〇七年までこの規模は一貫して八十二兆円。いまは八十兆円から九十七兆円に十五兆円、二十パーセントも増えている。この間、GDPは増えていない。個人消費も増えていない。国民の懐は大きくなっていない。それなのに政府は二十パーセント大きくなった。何故かと言えばリーマンショックのときに麻生内閣で十五兆円以上の大型景気対策を実施したから。景気対策の十五兆円、これは仕方ない。景気が正常化したら、これは減らさなければいけない。

ところが民主党政権になって減らさなかった。それでこのまま九十七兆円に維持されている。

なぜ減らさなかったのか。本来減らすべきところなのに、子供手当てをやり、地方に対する交付金を増額し、積もり積もって気が付いてみると十五兆円。事業仕分けを行ったので国民の多くは何か無駄をこの間随分省いたみたいに思っているかもしれないが、しかしそれとは全く別の次元で政府の規模は二十パーセントも大きくなっている。

経済を正常化すること、徴収をちゃんとすること、肥大化した歳出を普通に戻すこと。この三点が増税の条件であろう。しかし増税の条件を満たせば併せて三十兆円国庫に余裕ができる。政府は今度消費税を五％あげようとしている。五％あげて幾ら増収になるかご存知だろうか。答えは十三兆円。一方で十三兆円足りないから税率をあげると言っているのだが、ちゃんとやることをやれば三十兆円出てくる。増税を実施するのであれば前提条件があるはず。増税の前提条件を満たせれば増税の必要がなくなるという、殆ど笑い話のようなことが今、まことしやかに行われている。

今の消費税論議の最大の特徴は、「不退転の決意でやる」「次世代に対する責任を果たす」といった勇ましい政治の言葉はいっぱいあるのだが、今話したような当たり前の政策論議が何もなされていないということに尽きる。総理大臣が語らないということも問題だが、メディアにもそれがない。メディアで今後消費税が五％あげられて、それが具体的に何にどう使われるかということを聞いたことがあるだろうか。これは政府も一応ちゃんと資料は出している。何故そもそも五％

あげるという話が出てきたのかというと、次のようなロジックに基づいている。社会保障の中で年金と医療と介護を積み上げていくと二〇一五年にこれくらいの支出になるとの推計がある。それに対して消費税の税収はこれくらいになると予測している。この差額が十三兆円なのだと。それが消費税五パーセントアップのロジックに他ならない。これは変だと思わないだろうか？

何で社会保障三項目と消費税だけ比べるのか。社会保障と一言で言っても他に様々な項目がある。政府においても他に公共事業等でいろんな項目があるのに、何で社会保障三項目と消費税だけ比べているのか？　殆ど何も知らない中学生にこれとこれで十三兆円足りないですよね、だから五パーセント上げましょうねと教えているような議論が実際に行われている。これが日本の政策論の現実である。

今後、消費税が五年間でどれだけ増えるかについて試算したときの計算根拠は、日本の名目GDPが毎年一%ずつ増えるということを前提にしている。これはおかしいと思わないだろうか。二年前の新成長戦略で民主党政権は名目成長率三%以上を目指すと言っている。そう言いながら税金の計算をするときは一パーセントしか増えない。いわば二枚舌を使っているのであり、その理由はよく分からない（何も考えていない？）。そもそもで考えると、何故税と社会保障の一体改革なのかということもよく分からない。

私たちが目指すのは経済と財政の一体改革のはずである。経済を良くして財政を良くしなければばならない。それは間違いない。経済と財政の一体改革、経済全体の中に財政が一部ある。財政には歳出と歳入がある。歳出の二十八パーセントが社会保障、歳入の多くは税金。そのなかの二つだけ比べて辻褄が合わない、足りないから増税だというフレームワークそのものが実は大変おかしいことに気がつく。税と社会保障の一体改革ということを当然のようにメディアも受け入れているが、この言葉が出てきたのは一年前。こんなことは従前にはなかった。今までは経済と財政の一体改革だとずっと言ってきた。

一年半ぐらい前にこの言葉が出てきて、それで皆当たり前のように受け入れてしまった。我々が一番気にしなくてはいけないことは「当たり前の議論が行われない社会になりつつあるのではないか」ということであろう。じゃあ五パーセント税率をあげて何に使うのかということだが、政府は次のように説明している。

五パーセントのうち最初の一パーセントは何に使うのかといえば、五パーセントあげたために必要となる経費を賄うためにに使うと。これは要するに五パーセント消費税をあげたら公共事業のコストだって他のコストだって全部五パーセントずつあがるから、それを賄うのに一パーセントとられてしまうのだと。消費税をあげなければ本来いらないコストである。

次の一パーセント分は高齢化によって生じる費用を賄うという風に言っている。その次の一パーセントは国庫負担、国民年金を三分の一から二分の一にするのに今は埋蔵金を使っているのだが、これを振り替えるために使うと。その次の一パーセント分は赤字を減らすと。そうすると五パーセント増税しても、国民の社会保障を良くするために使われるのは一パーセントだけとなる。しかもその一パーセントのうちの六割は低所得者対策であり、中間所得層以上には殆ど何の恩恵もないのが現実である。特に日本の社会保障はある点で非常に不足している。

何が不足しているかというと、若年層のための社会保障が圧倒的に不足している。五パーセントのうち若い人の社会保障に廻る分は〇・三パーセント分だから、これは殆ど何も変わらない。さらに十三兆円の不足を賄うために五パーセントあげた、その後どうなるか。社会保障は殆ど良くならないということは分かったと思うが、その後どうなるのか。二〇二〇年までにプライマリーバランス、基礎的財政収支を回復するということを政府は言っている。プライマリーバランスを回復するためには更に七パーセント消費税をあげなければならないという計算になる。つまり今我々が行おうとしているのは、一般の人々の社会保障は殆ど良くならないままに、十年後には消費税率が十七パーセント、今のドイツと同じ水準になるというシナリオだということに他ならない。

若い人のためにも、今の日本の社会保障はどういう状況になっているのかということを申し上げたい。例えば両親が九十歳で二人とも元気に生きているとする。二人が貰っている国民年金はもちろん極めて不十分で兄弟で毎月仕送りをして両親を支えているとする。この年金は仕方ない。それは両親が月数万円しか貰えないような積み立てしかしてこなかったから。不満は幾らでもあると思う。もっと年金が欲しいと思っている人はいくらでもいるだろう。ただし今まで負担してこなかったのに急に貰えるようになるということはあり得ない。これは我々の社会、自助自立の社会の大前提ではないだろうか。その大前提を崩すような議論がいま行われている。

年金医療について言うと、GDPに占める割合というのは、日本は既にOECD諸国の平均を超えている。イギリスより日本の方が遥かに高い。だから年金と医療は個々の人にとっては不十分かも知れないが、世界的水準でみればそんなに酷くはない。それに対して圧倒的に不足している社会保障は、若い人たちへの産休、育児休暇、そして女性が一旦家庭に入り、それから職場に復帰する際の職業再訓練といった若い人たちに対する社会保障である。GDP比でみると、日本は欧州の三分の一から四分の一程度しかない。日本の国を将来担う若い世代のために、本当にこの社会保障は充実させなければいけないと思う。お年寄りで年金だけで生きていけない方がいらっしゃるのも事実だが、しかしこれは団塊の世代以上の同じ世代のなかでの再配分で凌ぐしかないと思う。

今、日本の年金制度にはバケツに大きな穴があいている状態と言える。それはこの瞬間、例えば経団連会長にも年金が支払われている。ソフトバンクの孫正義氏も六十五歳になれば年金を貰うことになる。そういう制度になっている。果たしてこれは必要なのだろうか？　年金というのは生命保険の反対。生命保険はどんなに掛け金をかけても生きている間は貰えない。年金はその反対。生命保険は死ぬリスクに掛ける保険、年金は生きるリスクに掛ける保険。例えば私は八十歳まで生きようと思って、それまでの食い扶持は自分で貯めなければいけない。でも何を間違ったか百歳まで生きてしまった。それを補うのが年金という保険と言える。だから国民皆年金制度ができた昭和三十五年、このときの国民の平均寿命が六十六歳だった。だからそれにほぼ合わせて六十五歳から年金の受給が受けられる制度を作った。

今の平均年齢は男女平均すると八十歳。八十は極端としても例えば七十五歳ぐらいから年金を貰うという制度にしないと、それを六十五歳から無条件に出していたら、年金だけじゃなくて社会保障が廻らないのは当たり前のこと。だからそのようなことを放置し、消費税を幾らあげても焼け石に水となる。今の年金制度の改革や見直し、支給年齢引き上げといった今本来やるべきことをやれば、消費税を引き上げなくてもやっていけるということに気がつく必要があろう。あくまでここまでは正論を話したつもりだが、さはさりながら、現実の政策はどこかで妥協しなければならないものである。この正論が百パーセント通るとは思っていないが、少なくてもそれが正論であることを前提に、では日本の現実の政策をどのように選択するかという議論がなければ、我々は社会の健全な選択などできないのではないか。「言語明瞭、意味不明の議論を糾弾しよう」。皆さん沢山あると思わないだろうか。この大儀あることは必ず認められる、だから何々ねばならない、何々ねばならない、と言うが、そこに大儀はあるのだろうか。どのような大儀があるのかちゃんと説明してもらわなければならない。このように突き詰めると、時には大儀がないということもあるのではないか。もう一度是非考えてみてはどうだろうか。消費税を引き上げて、安心が実現できる社会にしようと政府は言っている。しかしながら消費税を引き上げても安心は何も変わらないかもしれない。

先ほど話したように、中間所得者層の社会保障は殆ど何も変わらないのだから。もっと言語明瞭、意味不明で納得できないのは、次世代に負担をかけてはいけない、だからここで私たちの負担を増大しようという議論。これはとんでもない。消費税を引き上げたら、今の若い二十代の人たちは六十年ぐらい消費税を払い続けるのだから、消費税引き上げは実は次世代に負担させるということを意味している。本当に次世代に負担を残さないようにするのであれば、高い消費税を払わなくてもちゃんとやっていける社会を作りあげ、それを次世代に引き継ぐといったことでなければいけない。我々社会全体が思考停止にならないようにしなければならない。

去年は大災害もあり、それに対して色々な評価があり、少なくとも経済や政治は一部劣化してしまったかもしれないが、日本人は決して劣化していないと信じたい。そういうことを世界にアピールするべきだと思う。

横山剛の巻

私のアセンション

あなたのアセンションって何ですか？　もちろん、一人ひとり、違うと思うんですが、僕個人的には、アセンション＝かっこいい神様になるゲームかなって♪　いきなり、怪しいかな？（笑）ちょっと、怪しいなら、ドラゴンボールの神様をイメージして頂ければと思います、界王様でもOKです♪（笑）あっ、でも、この本にまで辿り着いてるくらいのあなたなら大丈夫ですよね♪（笑）

では、話を始めます。個人的に感じてるのは、東日本大震災により、いい方向にも、悪い方向にも、それぞれ、加速しまくってる気がします。どういうことか？　僕自身、生まれて初めて、『死ぬかも』という恐怖を感じました。そして、その恐怖を一瞬、感じること自体はいいんですが、多くの人は、その恐怖、恐れが今も続いています。アセンション＝神様になるゲームと言いましたが、その真逆のピッコロ大魔王になっちゃってる♪（笑）自分でも知らない間に、恐れの発信源になって、ピッコロ大魔王的な人は、こんなセリフを共通して使う。悪口、愚痴、泣き言、文句、不平不満。あなたはどう？

逆に、孫悟空や神様的な人は、自分を完全な主人公にし、自己責任で『①幸せでい続ける意思（笑顔と愛のある言葉）』と『②勇気（恐怖を克服する力・逃げずにたたかう）』を持って生きてます。『ヤムチャが弱いから、困るわ〜〜』と愚痴ったり『サイバイマン怖い……』と泣き言は決して、言いません♪（笑）そして、共通して、相田みつをさんの『今、ここ、自分』で『中今』で生きてます。

孫悟空、神様的な人は、決して、総理、東電が悪い、三次元世界、資本主義、お金とか速く終わればいいのにとか言わないそうです。たしかに、次の世界はよりいいものでしょう。ただ、今、この変わり目のタイミングであなたが生かされて、生きているのは必然なんです。だから、「今」から恐れたり、逃げたりしてるのは、凄くすごくもったいない♪

もしも、あなたが神様だったとしましょう。どういう人間に、素敵な未来に至るまでお任せしたいでしょうか？

僕が神様だったら、今の人生、日本、世界、資本主義を恐れず、逃げず、存分に楽しみまくってる孫悟空みたいな人にお任せしたいです。孫悟空も、強い敵にあうたびに、大変なことがあるたびに『オラ、ワクワクしてきたぞ！』と言ってましたよね？

大体、ゲームでもなんでも、次に行くほど、ちょっと高度になっていきます。こんな簡単な資本主義、一面の三次元さえもクリアできずに、恐れてたり、お金に余裕もないのに『お金なんか……』と逃げてる人には、次の世界は任せられないのかもしれません。

今の現実世界で、孫悟空、神様的な人とは、『福禄寿（人間関係・お金・心と体の健康）』で充実しまくってる人です。こんな楽しい世界ずっと続けばいいのに……絶対死にたくない！　というくらい今、ここ、自分を楽しんでいる人。僕らがいるところは、多次元世界みたいなのですが、魂、徳の貯金のお話を聞いたことありますでしょうか？　目に見えないけど、いいことしてたら、この目に見える現実世界でいいことが返ってくるという法則です。『日頃の行いがいいから♪』という言葉もそこからきてると思うんですね。

目に見えない世界（精神の世界、魂の世界、心の世界）で充実してる人、わかりやすくいうと、魅力ある、感謝もできるし、感謝もされる愛を持ってる人、そういう人は、必ず、この目に見える世界でも、福禄寿も、金銭面でも、生活も充実しています。僕の勘では、まだ神的な人じゃない人には、これからさらに、応用問題で加速学習させてくれる気がしています。具体的に言うと、人間関係、大地震、メガ津波、原発問題、放射能、そして、間違いなく来るのは、仕事が無くなったり、生活が苦しくなる。

ここであなたに質問です。それを聞いたあなたは、今、どう感じましたか？　今、あなたは、ピッコロ、神様のどっちでしたか？　多くの人は、こういう本を読んだり、情報を集めてそれで終わり。恐れでストップしたり、その状態で進み続けるから、あなたが恐れの発信源になっちゃってる。自分でも気づかない間に、ピッコロ大魔王になって、その仲間を作っちゃってる♪（笑）ただ、ほんの一部のルフィーや孫悟空のように自分がちゃんと主人公の人は、その恐怖にプラスして『そういう感じになりそうかぁ……①じゃぁ、今後、こういう感じにしたいな。なら、逆算して、

②今は、これをしよう』と、『①幸せでい続ける意思（笑顔・愛のある言葉）』と、『②勇気（恐怖を克服する力・積極的・逃げずにたたかう）』の2つを必ず、持っているようです。ワンピースのルフィーも①仲間を守る為に、②2年間準備しましたし、孫悟空も次の天下一武道会に行く時も、①優勝する為、②準備し、自分を鍛えました。あなたは、どっちでしょうか？

最初に僕は、アセンション＝神様になるゲームと言いましたが、そのゲームの必勝法は、①あなたの愛ある言葉と笑顔と、②積極的な勇気なのかもしれません。あと、ゲーム（遊行）だから、楽しまないといけませんよね♪

①愛と②勇気だけが友達さ～～のアンパンマンですね♪　いろんなアニメのキャラクターができますが（笑）あなたがアニメの主人公になって、自分がそれをテレビで見てて、かっこよければ、それでいいんだと思います。あなたの顔と言葉は神様、孫悟空、ルフィー、アンパンマンっぽいですか？　それとも、恐怖を与えるピッコロ大魔王っぽいですか？

僕らの日常生活では、そんなテストが出続けます。たまに、東日本大震災のように大きなテストもあり、そして、これから、まだクリアできてない人には、同じようなテストを繰り返し出して下さいます。『あなたは、どっち？』と。家庭レベルでの事、人間関係、経済、大地震、メガ津波、天変地異、放射能、宇宙的な出来事などなど……。

あなたがピッコロ大魔王的なのか、神様的なのか、どちらでも選べますし、どちらでも正解。

なんでかというと、正義も悪も全て一つなんです。ワンピース。須藤元気さんも『we are all one』と言われてますし、ドラゴンボールでも、神様もピッコロも合体して1つになり、パワーアップしましたよね？

ただし、ピッコロは、孫悟飯との日々の中で①幸せでい続ける意思（笑顔と愛のある言葉）と、②恐怖を克服する勇気をもったので神様と一つになれました。僕らは魂を成長させるために、生まれてきてます。それなのに、恐れをずっと持ち続け、人のせいにして、悪口、愚痴、泣き言、文句不平不満をいってても、不機嫌な顔をしてても、なかなか成長できない、できても遅い。僕らって、まだ神様みたいに完成されてないから、パズルの未完成みたいなもんなんです。で、たまに、神様か、生まれる前の自分が用意してたのかわかりませんが、嫌な人という存在や、大変な出来事という、自分のパズルを完成させる、神にさせてくれる為のパズルの『ひとかけら』をプレゼントしてくれます。だけど、ほとんどの人は、恐れ、自分を守るために、悪口、愚痴、泣き言、文句、不平不満をいうことで、そのパズルを自ら、ポイッて捨てちゃってる。人のせいにして、そのパズルを人にあげてたり。

本来は、あなたの為のメチャいいプレゼントなのに……（笑）ただ、ほんの一部の人だけは、全て自己責任で、完全に主人公で、いつも①愛のある言葉と笑顔で、その出来事から、神様のメッセージ、プレゼントに気づき、学び、②勇気を出して、自分にパズルをまた一つはめて、また神様に近づく……。そして、次の世界へ……。

あなたはどっち？　どちらでも自由です。ただ、一つだけ最後にお話させて頂きます。そういえば、なんで、日本に最初に原発問題が起きたか？　考えたことありますでしょうか？

おそらく『あなたは、どっち？』ってテストで、世界中で一番、正解出しそうなのが日本人だったんじゃないでしょうか？　この日本という黄金の国、世界の雛型、見本、リーダーとなる国、そして、そこに住む選ばれた覇王色の覇気をもったスーパーサイヤ人ならぬ、黄金のスーパー日本人の僕らにプレゼントした、任せた。

適当に言ってるんじゃなくて、日本の国旗からも分かります。今までは暗黒の時代だったから、国旗に星のあるアメリカや中国が目立ってた。で、これから、夜が明けます。何が出てきますか？　そう、太陽です。日の丸、日本、あなたの時代。今度は、日本人のあなたが、今までお世話になってきたアメリカ、中国、北朝鮮、ロシアなど全世界を助ける番なのです。それこそ、ワンピース（ひとつなぎの大秘宝）であり、アセンションであり、ドラゴンボール七つ（２０１２年辰年）で神様が望んでいたことなのかもしれません。

ただ、世界のことは考えなくてＯＫ。今日、言い続けた二つに集中することが大切。理由は、ＳＭＡＰの唄・槇原敬之さんの歌詞『love ＆ peace inside』に答えがありますので、聴いてみてください♪

こんな素敵な方々の中に、本を書かせて頂く機会を横山剛にくださった白峰先生と、最後まで読んで下さいましたあなたに、心から本当に、感謝しています。

追伸：あと最近、『男女』というキーワードも、大切な気が……陰陽一つに。ポニョでも、ノウイングでも、男女ペア……こんな感じで、この本を書いた時よりも、さらに神に近づいた(笑)最新の横山剛がフェイスブック、メルマガにいますので、ご縁のあるあなたは、繋がりましょう♪

出逢いに感謝♪

白雪セーラの巻

アセンション二〇一二

初めて、アセンションという言葉を知ったのは、多分今から六年程前……だったように思う。ベーシックなスタートライン……（笑）。地球が優良星へと変化すること、人間の意識レベルが上がること、地球の次元が三次元から五次元へと変わること……等々。アセンションに関連する書籍、ＤＶＤ、講演会など、とにかくそれがどういうことなのかを知りたくて、できる限りの方法で答えを求めて来た。

その中でも、今思えば誰に言われるでもなく、神社を巡るようになり、北陸、関西、遠くは九州・北海道まで、機会あるごとに各地の神社を回って来たのは、やはり、アセンションについて、自分がそれを知ってゆくヒントが、神の世界とのつながりの中にあると無意識のうちに感じ取っていたからだったのだと今は思う。

そして、そんな神社巡りが一段落した頃、ちょうどスピコンなるものの全盛期、神戸で行われたスピコンで、初めて白峰先生の講演を聞かせて頂き、その後白峰会に入会するご縁を頂いた。

それまで、本やＤＶＤでたくさんの方のアセンションについての情報を学んではいたけれど、実際に講演をライブで聴かせて頂くという機会は不思議となかった。後に、何故白峰先生にご縁を頂いたのか、白峰会に入会することになったのかが、長い長い時間をかけて理解できるようになっていった。そして、いつも私の心にある神、についてもどのような存在なのかを知ることとなる。

その頃を境として、頭で得る情報ではないアセンションというものへの理解というか、実践編というものがスタートしたような気がする。三次元、現実日常の世界では接点が持てなかったであろうと思われる人達との出逢い。アセンションというテーマがなければ、繋がることがありえないご縁が繋がっていった。そのご縁の方々との多次元体験。私自身に起きた、つらい経験や、楽しい経験……。その一つ一つはどれをとっても大変重要で、それらは、所謂、魂レベルでのご縁と経験というものなのだと思う。そして、今生自分がアセンションを前提としてどのような青写真を描いてきたかを気付かせて頂ける、ヒントのいっぱい詰まった有難いご縁と経験でもある。

アセンションというのは、私レベルの理解で語れるほど単純なものではないとは思うけれど、かといって複雑怪奇で見当もつかないものでもないのではという気がする。人間としての成長無くして、魂の成長は無いというシンプルなところに答えがあるように思う。

年を重ね、処世術も身につけ、家庭を持ったり親になったりと、人間としての経験、学びと並行して魂の進化はなされていくのだと私は思っている。

日々の、一見なんでもなく繰り返される日常にも魂を磨く機会はたくさんある。人として、毎日ちょっとずつ積み重ねてゆく失敗も含めたさまざまな経験が、振り返れば膨大な数の経験となって形をつくりあげてゆくし、その経験が今の自分の意識レベルをも決定していくのではないだろうか。

それぞれが、自分の環境を設定し、その環境の中で、自分以外の大勢の人々、魂の影響を受けながら、少しでも宇宙の法則に近づいていけるように、進んでゆくシステム。そして最終的にアセンションという意識の進化、魂の進化のレベルをクリアする。では、アセンションするという一つのボーダーラインは？　と尋ねられても、そのことを端的に言葉にすることは、今の私にはできない。でも、そのヒントを与えて貰える魂の繋がりが私にはしっかりあると思っている。常に、私の心の中にある神という存在。

どこの神社の何々の神様が、こう言われたということではなく、心の中にあるその神が、いつも私に教えてくれることは、母性という大きな愛を体現せよということ。日常の生活の中で、仕事をしている時も、どんな時も母性という大きな愛を忘れてはいけないということ。それを忘れずに、自分にできることに日々取り組んでいけば、その先にアセンションがあるのでは……と思うようになっていった。本当の思いやり、やさしさ、強さ、母性というものを知るにも、たくさんの経験が必要になる。

まだまだ足りないといえば足りないが、色んなことを経験してきて、やっと少しわかるようになるのが物事の真意なんだろう。物事の真意を見極めていけるようになるには、やはり常に用意されている経験に対して、素直な心と謙虚な心を忘れずにいること。

神の御心を知るには、人の心がわかる人であること。その心というものに生じる感情を理解できるようになること。感情は、人として生きていく上で常について回るし、ある意味、それが進化の妨げになったり、また進化そのものにつながったりもするコントロールしがたいもの。何故こんな感情が繰り返されるのか、また、一つの想いに囚われるのかを経験を通して解明していくことは、とても大切な事だと感じる。

また、思いや意識というものには、計り知れない可能性が潜んでいることも、それを信じる、確信することの大切さも先輩方に教えて頂いた。いつも心にある神という存在、私の霊的成長を見守り導いてくださる人生・魂の先輩からヒントをいただきながら、物事の捉え方や感じ方の歪みをなくしていくようにすること、感情をクリアにし、思い、意識というものの質を上げていくことが私にとっての課題なのだと思う。人それぞれ、色んな道を通って、魂の進化へとむかっていく。終わりのない長い長い道のり。

ふと思うことがある。何故、この大変動の時期に生きているのだろう？　この肉体を離れたら、次はどこに行ってどうなるんだろうと……（笑）。

この肉体を離れた後のことを考えてみたりする。自分の故郷である星に還る？　地球に残る？　地底に……金星に……。いろいろなことをいう人達がいる。でもきっと、どこに行っても、この地球での経験を私は懐かしく思い出す気がしてならない。

よく意識の中で誰かに話している。太陽系に地球っていう星があってね……そこは三次元という物質化した次元の星で……、そこではこんなことや、あんなことが起こって、私はこんな風にその星で過ごしていたんだよ……。地球って、なかなか、霊的に成長することが難しい星でね……。ある人が書いていたの。地球というのは、かなり進歩した魂が、更なる魂の進化を遂げるために次元下降して、たくさん降りて来ているんだけど、実際にそこで意識の進化を遂げることは、すごく難しくて、進化を妨げる、トラップがそれはそれはたくさん存在していて、簡単には進化できないようになっているらしい。けれども、たくさんの魂が進化に挑戦するために、地球に生まれて来たがるんだよ……。多分これを読んでるあなたもその一人……。私はそれを読んで、なんだか妙に納得してしまったの。ここ地球へは挑戦しに来たんだなって。色んな事を経験したよ……。地球でしか経験できないことをね。私のその話を聞いているのが誰で、そこがどこなのかははっきりとはわからない。でも、私は話している。どこかの星で……。今、私たちは、たくさんのチャンスをいただいているのではないかと思う。

それは、アセンションするためのチャンス。自分の課題やテーマに気が付き、どのようにして魂を進化させて行けばいいのかに気がつくチャンス。

ある人は、目の前の鏡である人との関係を通して、ある人は異常な気候を通して、またある人は天変地異や不安な社会情勢を通して。ある人は、神々、高次の存在から命を受けて……。

数々の究極的な事象が、私たちに進むチャンスだと教えてくれている。今、これまでの価値観や、世の中の定説が崩れさろうとし、人々がそれぞれ、もう一度生きる意味を自分自身や世の中に問いかけるようになってきている。集合意識が右往左往している。一人の心の在り方、意識レベルがとても重要視される時期に差し掛かっている。ひとり一人が、何故、混乱の時代を選んで「今ここに」生きているのか……原点に立ち返り、自分の使命を少しでも果たさなければならないと思う。難しいことをするのではない。

人間として、心の奥底から、暖かい大きな思いが溢れてくるのを感じたことは、誰にでもあると思う。ただただ溢れ出る暖かい思い、愛おしいと感じる心。皆に最初から授けられているその思いを心の中から取り出すだけで、それぞれ何をなせば善いのか、何ができるのかが見えてくる。進化の種という宝物の在りかが見えてくる。

それが、すぐそばにたくさん用意されていることに、気がついてしまうだろう。

私を含めた一人ひとりの意識が少しでも上がり、最善へと向かいますように。地球へ挑戦しにきた魂が、たくさんアセンションできますように。

遠い波の彼方に金色の光がある
永遠の輝きに命の舵を取ろう
すべてのご縁に心からの感謝を込めて……。

不動光陰の巻

黄金人類の夜明け〜アセンションについて

アセンションを語るには、親方様（白峰先生）抜きには語れない。先ずは、親方様との出会いから紹介したい。

今を遡ること、四年前。ヘミシンクを学ぶためにアメリカにあるモンロー研究所を訪れ、フォーカス21のセッション時に、私のガイド役であるポロン（ウサギとカエルをプラスして二で割った様な宇宙的存在）に、前のセッションでアセンションが話題となった為、「宇宙で、一番、アセンションの正しい情報を持っている人を紹介してほしい」とお願いしてみた。

その頃、アセンションの知識と言えば、地球がフォトンベルトに入り、人類の意識が上昇するくらいの知識しかなく、正確なところ、同期の仲間も何がどうなるか分かってはいないのである。セッションを開始すると、公園に連れていかれ、しばらく待っていると、上空からナナフシと人間を二で割ったようなヒューマノイド型の宇宙的存在が手紙を持って降りて来て、いきなり宇宙語でしゃべり始めた（笑）宇宙語は分からなかったが、この紹介状を持っていれば、その人と会えるようなことを言っているのが推測できた。

その紹介状を持って指定された場所（日本の琵琶湖の近くのような湖面に浮かぶ料亭のようなところ）に行き、紹介状を出すと中の部屋に通された。そこには、座椅子と座布団がしいてある……。しかし、待ってもその方は来なかったのでセッションは終了してしまった（汗ンションン）

うん、残念という気持ちで、アメリカから帰国し、しばらくの間、就寝前にヘミシンクをやっていた。そして、新年に妻の実家からの帰り道に新幹線の中、たまたま普通席がとれずグリーン席になったので、ヘミシンクをやっていた。すると、アメリカで観た料亭の部屋が出てきて（同じ場面が二回出てきたのは最初で最後である）、そこには、体格の良い人が座っている、うん仙人？　そこで終了してしまった……残念、顔が良く記憶できなかった……。

しかし、話は終わらない、二～三日たって、アメリカで研修を受けた人のブログをみていると本の紹介をしていた。『地球維新・ガイアの夜明け前』（白峰箸）と書いてある。うん、この本、昨日、書店に行っていた時に気になっていた本だぁ。さっそく、購入して読むと今まで精神世界の情報は、親方様から情報発信されたものだということを直感した私は、翌週にＤＶＤを買いに神保町に行ったのは言うまでもない。

そして、ＤＶＤの後ろの写真を観ると、料亭でお会いした方であったので、さっそく、白峰会にＦＡＸして入会させて頂き、個人セッションの時に八王子で初めて親方様にお会いした。その時に「アセンションについて、どの様に考えている？」という質問をされたが、「これから、色々勉強させて頂きます」と返答した。

この年二〇〇八年は、シンクロの連続の年となった。先ずは、〇〇先生のサポートをはじめ、色々な精神世界の有名人や精神世界に興味を持っている人とたくさん会い知り合いとなった。この時、強烈に感じたことがあった。「明治維新を始めとする数々の歴史上の出来事は、自分の意思で動いているのではなく、神界（？）天界（？）で創られたストーリーを各人物（配役は人）が演じているに過ぎない、そして、歴史は動いている」と。短い期間にシンクロが数多く発生し、色々な場所に行き仲間ができた、非常に勉強になった一年だった。

さて、この年から親方様とも、大変親しくさせて頂き、数々の教えや、行事に同行させて頂いた！　公開できない事が多いので紙面上では書けないが、一つだけ紹介したい。

それは、親方様が、私の地元川越に来た時の事だった。

「○月○日、○○神道の大祭があるので、川越に行く。前夜、適当な店で飲もう」。当日、私は待ち合わせ場所に到着、いきなり「○○院に行きたいが、ここから遠い？」「いやぁ～タクシーで五分もかかりません」「では出陣」「歯が痛い！」（歯が痛い……）「分かるな、○○」「はい」（私……全く分からず）○○院到着、「ここには、神様がいるので、月参り、ここの恵比寿、気合い入っている」と言い、一目散にある場所に行く。「ここか！　はい、二人とも下がってなさい」（封印解除かぁ～……）「はい、終了」速い、速すぎる、十万石まんじゅう（埼玉銘菓でテレ玉だけCM中、もう一つ、三重で、タケモトピアノのCMを観た時も驚いた・笑）。話をもどすと（笑）、なぜ、速いと思ったかと言えば、その当時○○先生のサポートで、色々な所で封印解除サポートをしていたが相当な時間を要していた為である。

それから○○聖人の眼をさます儀式を行い、「では、店に行こう！」と帰ろうとすると、左には、○○羅漢が……。私達も、「今日は眠れそうにないなぁ」と○○院を後にし、夕食会場に向かう。予約している店に入り、部屋に行くと、何と、六人分の席が用意されていた（汗）。「確か三人で予約を入れといたはずだけど……」「そうでしたか？　席は御自由にお使い下さい」「この部屋には三人、神様が来ている。○○姫・○○聖人・○○明王」「見えているのですか？」「見える」（なんと……）

その後は楽しい直会《なおらい》となった、神様が好むエネルギー、興味をもつエネルギーがあることを体験することができた。

また、この席で、私の過去生のひとつを教えてもらったが、その人のことを調べていたらびっくりした。まだ、専門学校生だった時に、その人の終焉の地の看板があり、「地震が発生して自宅が火事になった。中には母親が残っていた為に助けに行って火に巻き込まれて亡くなった」と書いてあった。なんて親孝行の人なんだぁ～見習わないといけないと思っていたら自分のことだったと知った（笑）。

前置きが長くなってしまったが、そろそろ、アセンションについて語らないといけない。語る前には、親方様との関わりが避けて通れない。それだけ沢山のことを教わった。

まず、アセンションに向けて基本的なことであるが、人は色々と自分で判断して、自分の目を通して判断してしまう。親方様は「何があってもOK牧場」と言う言葉を使う。

中々、深い言葉で、私もかなり自分を手放してはいるが、まだまだ、自分の判断が介入して「何があっても」が実践できていない。人間が見える世界は二十二パーセントで、どうしても、そちらを優先してしまう、早く七十八パーセントを優先しなくてはと思っている、それができれば、意識的に善悪を統合して意識も浄化できると考えている。

次に、集合意識としては、去年の東日本大震災のようなイベントがあると、かなり下がってしまう。計画停電（ヤラセ）、政府の（?）買いしめによる食糧の不足、原発による放射能汚染等。特に放射能汚染は、毎日、気分が暗くなるし、外食すると激しい下痢になった。これを教訓に、私自身も、これから色々なイベントに左右されずに、意識レベルを上げていき、不動の心で生活したい。白峰会会員は、特に意識レベルが高いので、地球維新を牽引していく立場にあり、集合意識に与える影響が大きいので、共に頑張っていかなくてはいけないと考えている。特に、誰かがダウンした時、今まで同様、サポートして行くのが私の役割と強く思っている。

ついで、エネルギー問題。こちらは東日本大震災により世界が脱原子力に向かったことと代替エネルギーを考えるようになったのは、かなり評価できるのでないのかと思う。最終的には、宇宙空間からのフリーエネルギーの利用が望ましいと考えている。

さらに、食糧問題だが、減反を廃止して食糧自給率を上げる。上げるには、政府が農産物を高く買い上げることや、若い人を就農させる為に助成金を出す等の思い切った政策が、待ったなしで必要である。ここ二年位の気候変動をみると、氷河期に入ってきたことが感じられるので、輸入に頼っている日本では、諸外国が食糧の日本への輸出を一切中止したら、食糧危機になり、アセンションどころではないからだ。

そして、資本主義。これは、難しい。食糧とエネルギー問題が解決すれば、生活面では、殆どお金に困ることはなくなるので、資本主義は溶けだすのでは考えている。そこで、皇太子が世界政府の首相（？）になった時に本格的にアセンションできるのでは？　まだまだ、先は長い……。しかし、次に、日本に何か集合意識が下がるイベントがあると、戦争・食糧危機が勃発しそうな予感もしている。この一週間、日本列島は風が大変強く、物凄く龍体（エネルギー）が変化しているのを肌で感じている。良い方に向かって行くことを願いたい。

では、個人的にこれからアセンションまで、どのように過ごすか。どんな出来事もゲーム感覚で楽しんで、自分の判断はできる限りしない。ミロクの世が来ることを強くイメージする。人・物・金にあまり執着しない。TV等をはじめとする、マスコミ情報は、見ざる・言わざる・聞かざる状態で。食品添加物や農薬や清涼飲料水はできるだけとらない。「笑う所に福来たる」をモットーとする。酒と女は二合（号）まで（笑）。

発酵食品を食べる。天然の塩をとる。意識で色々な世界（あんな所もこんな所も）に行けるよ

うに訓練する。自分の過去生を知る（何人か知っているが……今生では、抜いてないみたい　笑）
最後に、親方様を通して不動明王から頂いた神職名「不動光陰」の名前の意味を紹介したいと思う。光陰、「タオ」を表す。人生はフォーカス36なり。「ヘミシンク」より「サムシング・グレート」。不動とは不動明王、すなわち大日如来（太陽）の化身を表し、この世の一切の光（光明）と陰（闇）を司るという意味！　合言葉は「光陰矢の如し」。時間が立つのは速いからアセンションへ向けて天命を成就せよという意味。天命とは税務・税理（私の職業が税理士であるため）にあらず、主税（ちから）すなわち創造主へ税金をおさめること（大笑）。大変感謝です。アセンションできるよう、頑張ります！
ところで、創造エネルギーが白山まで来て、世界平和に向けての世の中が始まるには、イベントが必要か？

光弘の巻

スピリチュアルと全く縁のなかった私は、「競争」「比較」「勝負」……「対立の世界」で365日24時間働いて、豊かさを、成功を求めていた男でした。そんなある日、神戸の震災の年に、突然チャネリングが始まりました。「自分とは何か」「自分は何のために生まれてきたのか」その問いを追い求め、白峰先生にたどり着きました。

私の転機となりました、白峰先生とそのお弟子さんのO先生から教わった、「二極の対立から脱出」について、書かせていただきます。

二極の対立からの脱出

今、あなたの目の前に現れている現実は、あなたの意識（過去に構築された思考・感情）によって、創造されています。つまり、あなたが過去に思ったり、感じたりした事が、「あなたの現実を創っている」ということです。そして今の現実を創っているのは、過去の体験時に持った、思考と感情なのです。現実に起こっている状況は同じでも、人それぞれ、見方（思考）、感じ方（感情）が違うのです。そう、同じ出来事であっても、「あなたの現実」と「私の現実」は、違うのです。

そしてその現実を判断する物差しとして、あなたの中には、この意識も含めて、4つの意識が存在しています。

A．正しい、良い、好き……という肯定的な意識

B．間違っている、悪い、嫌い……という否定的な意識
C．ABのバランスを取ろうとする意識（向上心：意欲、情熱、モチベーションをあげる、人助け・自己犠牲など弱い人を助けたい、という気持ち、「中庸の心」と言われる意識）
そして、もう1つ
D．ABCすべてを認め、許している意識（すべての存在を認め、許している意識）
あなたの心の中では、毎日、ABの戦いが起こっていませんか？　これは正しい、あれは間違っている。これは良い、あれは悪い。この人は好き、あの人は嫌い……。そう、毎日、心の中で戦争が起こっています。世の中で起こっている事も、同じです。世の中で起こっている事は、あなたの意識エネルギーの投影です。

例えば、戦争もそうです。Aこの人種は正義、この宗教は正しい。Bあの人種は悪、あの宗教は間違っている。同じですよね。「対立」です。「競争」です。「比較」です。「勝・負」です。

そこで登場するのが、Cの意識です。「みんな仲良くしよう」「愛に満ち溢れた世界にしよう」とバランスを取り出します。ですが、Aの気持ちもわかるし、Bの気持ちもわかる、Aに振れたり、Bに振れたり、余計に混乱していきます。自分の中に、否定的な気持ち（B）があるのは、「目標達成できないのは、自分の努力が足りないんだ」「修行が足りないんだ、もっと神の心を学ばなければ」と意欲やモチベーションを高めたり、「自分がいけない」と、自分を責めることも含

まれます。または、「戦争はいけない」「暴力はいけない」「殺人はいけない」と自分の正義（A）に戻ってしまいます。

でもこの意識は、ABの「対立」の意識です。あなたの意識は、行き場を失います。「どうしたら、いいんだろう」「何を信じたら、いいんだろう」と宗教やスピリチュアルなどに、自分の心の置き所を求めて、更に「真理」を探し続けます。

ここで登場するのが、Dの意識です。ABCもすべて認め、許した意識です。すべての存在を認め、許している意識です。あなたや他人の一部分である、正しい、良い、好き……すべてを認め、許した状態です。あなたや他人の一部分である、間違っている、悪い、嫌い……すべてを認め、許した状態。世の中のすべてのことを、すべて認め、許した状態です。

よく「神」という言葉で語られますが、すべてを創り出した存在を「神」とすれば、この「神」は、すべてを認め、許しているのです。あなたという存在も、私という存在も、戦争も環境破壊も、正誤、良し悪し、好き嫌い……すべてを認め、許している「Dの意識」なのです。この意識を、「キリスト意識」「観音意識」と呼ぶ方もいます。

しかし、あなたの中にある「Dの意識」は、自分自身が過去に構築した「ABCの意識」の思考・感情を尊重します。あなたがギブアップして、「ABCの意識」を手放すまで、あなたの「Dの意識」は、表には出てきません。あなたの「Dの意識」は、あなたの選択を、尊重しているからです。

このように、「あなたの現実」は、あなたの「ABCDの意識」（思考・感情）で判断し、創造した世界なのです。ですから、すべての責任は、あなたにあります。世の中が、悪いセイではありません。他人が、悪いセイではありません。

アセンションについても、同じです。あなたが過去から作り上げてきた思考・感情を変化させなければ、AB意識のまま、「対立」「競争」「比較」「勝・負」……を選択している限り、2012年が来ようと、宇宙人が来ようと、何にも変わらないでしょう。2012年後も、今までと同じように、忙しい忙しいと、時間に追い立てられ、悩み、不安を持って生きているでしょう。

今回のアセンションのテーマですが、それは、「あなた自身」です。チャネリングや霊能力も、必要ありません。アファメーションも、必要ありません。誰か偉い人からエネルギーを受ける、必要もありません。何かの神様や、マスター、天使……などに、お願いする必要もありません。宇宙存在が助けに来る、必要もありません。外からの情報やエネルギーを手にしても、何も変わらないということです。

テーマは「あなた」です。あなたが、「神」と同じ「Dの意識」になって、自分の中の「神」（Dの意識）と繋がる事、それだけなのです。それを、「アセンション」と呼ぶ人もいます。

あなたの心の中を、あなた自身や他人の、正しい、良い、好き、間違っている、悪い、嫌い……世の中のすべてのことを、「認め、許し」、あなたの心の中を、すべて統合することなのです。

「Dの意識」は、それは、あなたから、一呼吸おいたところにあります。遠くでも、崇高でも、特別でも、貴重なものでもありません。あなたの中にあり、あなたが気付いていないだけで、あなたすべてを「認め、許している」存在です。自分の「ABC意識」を手放せば手放しただけ、「あなたの現実」は変化していきます。自分自身に科した規則、制限を外していけば、「あなたの現実」は変化します。すべては、あなたが創り出した現実なのですから。

しかし、私たちが作り出した現実は、いろいろな問題を抱えています。それらを解消し、より快適に人生を送りたいと思いませんか？　楽しく、嬉しさに満ち溢れた生活を望みませんか？

それは、完全に自分を『許す事』です。好きな事を、自分自身にさせてください。自分を許し、抱きいれて、はじめてあなたは、自由という存在になります。そして、その自由から、悦びは、生まれてくるのです。悦びが生まれて、そして初めて神を見る、神を知る、神と共に生きる事になるのです。「体という制限された乗り物の中で行動し、思いをめぐらし、許し、創造する」そして、自分は「ただ在る」事を知るのです。それは、自己への愛の本質です。それは、あなたが誕生して以来、あなたから、一呼吸しか離れていません。この本質を知る時、あなたは簡単に自分を「許す事」ができるでしょう。すべての存在の中に、神を見出すようになるでしょう。

あなた自身を完全に愛し、完全に許し、深く抱きいれれば、あなたの光が、あなたのエネルギーが、あなたのその幸せが、あなたの明るさが、陽気さが、歓喜溢れる状態が、すべての人々、人類へと広がっていくのです。あなたが探し求めていた『救世主』は、あなたの中にいるのです。外の世界を探しても、見つかりません。あなたが、「自分自身の中にある神の存在」に気づいた時に、アセンションは始まるのです。アセンションは、いつかは誰もが体験することですから……。


「本当に大切なことは、自分の中に、すべてあります」

「神様は、自分の中に存在するのです」

「在るがまま、成すがまま、すべてを受け入れ、すべてを愛し、すべてに感謝する」

あなたの「今この瞬間」が、「許し」と「感謝」で、愛に満ち溢れた世界になりますように！

ありがとうございました。

百華の巻

プロローグ

それは、十七年前の、春も終わろうとしていたある夜、突然起こりました。ベッドに入りいつものように本を読み、うとうとしかけたその時、轟音とともに稲妻が走り、部屋全体が青く光ったのです。

「雷が落ちた！」

私は飛び起きて母の寝室に急ぎました。

「今部屋に雷が落ちたみたいだけれど、大丈夫？」

母は、きょとんとして、「雷なんて落ちてない、寝ぼけてるんじゃないの」と言います。

ええっ！　あんなに大きな音がしたのに？　と言いかけて、私はおかしなことに気づきました。当時私は、部屋の雨戸を閉めて寝ていたので、外の稲光が入り込むはずはないのです。

「じゃあさっきのあの光は……ただの稲光ではない……」

私は怖くなって部屋に戻り、ベッドに入りました。何だか頭がボーッとしています。今起きた出来事は何だったのかぼんやり考えていました。その時です。今度は、まるで地を這うような低い男性の声で、

「スサノオノ、コウミョウウオリタリ〜」

と聞こえてきたのです。私はひっくり返るほど驚きました。自分の耳を疑いました。恐くなって

頭から布団を被りました。

「今度は何？　何かの間違いに違いない。あるいは私の頭がおかしくなってしまったのかもしれない」何がなんだかわからないけど、何かが起こっている……半分は怖く、半分は何かを期待している自分がいます。

それから、二十分位たったでしょうか、そっと布団を首まで下ろしたその時です。ベッドの足元に淡いライトグリーンの光が見えます。

「この光は何……？」

よく見ると、逆光に三つの人間のようなシルエットが浮かび上がっているではありませんか！

それを見た瞬間、私は怖れというよりも、畏敬の念と厳かな思いに打たれていました。

三人のお姿のうち、左側の存在を除いて、お二人が誰なのかなぜかはっきりとわかったのです。右端はマリア様、真ん中は観音様でした。そしてその存在は、私の心に話しかけてこられました。

「長い間お待ち申し上げておりました」

マリア様であろうそのお声は、人の声とは思えないほど透明感があり、気品に満ちて美しく澄みきっており、そしてこの上なくお優しいのです。私は確認しました。

「マリア様でいらっしゃいますね？」

マリア様はその問いには答えられませんでしたが、私にははっきりとわかったのです。そして私は問い返しました。

「長い間とは、いったいどれくらいでしょう？」

マリア様は答えられます。

「あなた方の世界でいうところの十数万年ほど……」

驚きました。ということは、私は、十数万年前には人間としてこの地球に存在していたことになります。そんなにも長い間私を待っていてくださった理由と、今日の出現の意味をうかがいました。マリア様はその質問に対して、

「あなたには、わたくしたちの手足となって働いていただきたいのです」とおっしゃり、続けて、私がもっと早くに目覚める必要があったこと、今や人間の心身の波動が非常に悪くなっており、先ず身体の波動を上げなければならないこと、活動を始めるにあたり、決して組織を作ってはならないこと、活動はマリア様とここにおられる他のお二人の存在のサポートを受けながら遂行することなどを語ってくださいました。そして、私は再度質問をします。

「なぜ、私なのですか？　身体の波動を上げるとはどういうことなのですか？　またその方法は？　サポートはどのようにしてくださるのですか？」

その一つひとつにマリア様は丁寧に答えてくださいました。そのお話によると、私には、この

世に生を受けるとき、今の両親以外にあと二組、両親の候補があったのだそうです。

一組はアメリカの学者夫婦で、貧しいけれど愛情に溢れた夫婦。もう一組はインドのマハラジャの夫婦で、お金はあるけれども愛に充たされず、しかも、母親は出産と同時に死亡するのだそうです。今の両親は、他の二組の夫婦とは比べものにならないほど、子どもとして生まれるには劣悪な条件が揃いすぎていて……。

「それでも私がその両親を選んだ理由とはいったい何だったのでしょうか……」

マリア様はその問いにもすぐさま答えられます。

「あなたは、その三組の夫婦の中で一番過酷な体験をする両親を選びました。あなたが敢えていばらの道を選んだのは、今世で体験する全ての事柄から深く学ぶ事ができればより多くの人々を救える力になると知っていたからです」

マリア様はまた、今世での全ての体験から学びを終えた時に本当の天命が与えられるとも言われました。

「その天命を持ってあなたは生まれたのですが、あまりに眠りが深く目醒めていただけないために、宇宙の法則を犯して介入することになりました」

「なるほど……だから雷だったのだ……」

まさしく、私は雷に打たれて目覚めることになったのです。そして、最後の質問に入ります。

「ではマリア様、身体の波動を上げるとはどのような方法で……？」

マリア様は私の質問をまるで前もってわかっているかのように、質問が終わらないうちに答えられるのです。

「その前に、あなたの身体の波動を上げるために細胞の入れ替えをします。少しの間、苦しいかもしれませんが、その後にある人と出会い、その方法を学ぶことになるでしょう」

その夜は、それを最後にマリア様との会話は終了しました。

マリア様の出現以来、私の生活は一変し、内面は、それはもう劇的な変化をしてしまいました。家事をしていても、仕事をしていても、時や場所を選ばず、いつでもマリア様とのコンタクトは始まるのです。そして、コンタクトが始まって一年位の間、私の身体は細胞の入れ替えのためか不調が続きました。

マリア様との会話は、本屋の精神世界コーナーでよく見かける高次元意識体からのメッセージ本のように詳細でも親切でもなく、非常に端的で簡潔なものでした。マリア様がお答えになるのは、私の天命に関することだけで、個人的な質問やネガティブな質問には一切お答えにはなりません。神々は人間生活の些末なことには全く関心がないからなのです。

天変地異の予言や警告などもされません。かといって、地球上における全ての流れはご存知なのです。唯一、その流れが見えず不可解なのが人間だそうです。大きな天命を持って生まれた人間でさえ、現実生活を営む中で我欲やエゴに取り込まれ方向を間違うことがほとんどで、神々の意図した魂の高みに行き着ける人間が少なすぎることを少し残念に思っておられるようでした。能力や力があり、影響力のある人間ほどそうなりやすいのだと思います。

私は自分に力も能力もないことを感謝しました。けれども、それならなぜ、マリア様はわざわざ私のところにいらしたのでしょう？　その疑問は今も消えてはいません。

最初のコンタクトから数日経ったある日、マリア様に今の私に必要な情報を与えてくださるようお願いしたところ、「あなたはエノク書を読みなさい。そこにあなたの鍵があります」と言われたのです。

エノクは、アダムとイブの六代目の子孫で、ただ一人アセンションして、天界の全ての次元の世界を見聞し、再び地上に帰って来た時にそれらの叡知を人類に伝えたと言われています。やがてエノクの魂は、肉体の死を迎えたあと、再び天界でメタトロンという大天使に変容します。ここまでのアウトラインはエノク書やエドガー・ケーシーを読んでわかったのですが、あとは私の理解の範疇を超えていて、とても手におえるものではありませんでした。

「マリア様が言われるところの『鍵』とはいったいエノク書のどこにあるのだろう……？」

その時の私にはまだ、エノク書のような高度な内容を理解するほどの知識も能力もなかったのです。

魂の由縁

マリア様の出現より少し前、秋晴れの爽やかなある日の昼下がり、ドライブ中の車の中から、北九州では一番高い山とされている帆柱山、昔は「火柱」と書いたとも言い伝えられる「ほばしらやま」の上空にピラミッドを見たのが、私のスピリチュアル・ジャーニーの始まりでした。その頃は、とにかくピラミッドのシンクロが多く、それはもう普通ではありませんでした。そしてダメ押しになったのが、ある知人のチャネリングでした。

その知人はある日突然、シリウス星からのメッセージを受け取るようになったとのことで、私は早速、興味本位でチャネリングを受けに行きました。部屋に通され、席に着く前のことです。

「あなたの後ろにヘルメスという方がおられ、あなたの前身だと言われていますが、ご存じの方ですか？」

私は驚きました。帆柱山の天空にピラミッドを見てからというもの、ピラミッドに関する文献やトンデモ本などを読み漁っていましたので、ヘルメスがクフ王のピラミッドを作ったことや、古代文書「エメラルド・タブレット」を残したことは知っていました。その知人はヘルメスを私の「前世」とは言わず「前身」と言いました。不可解の一言です。「前身」とは「生まれ変わり」と同意語です。

私は、その疑問をいったん置いておくことにして、チャネリングに入りました。その内容で重要なことはあまり多くありませんでしたが、ヘルメスが伝えてきたのは、私がピラミッドへ行かなくてはならないこと、クフ王のピラミッドの地下深く、未だ発見されざる部屋にヘルメスは「エメラルド・タブレット」を胸に眠っているということでした。しかも、彼は死んでいるのではなく、時を待つべく眠っているのだと。

「あなたが行き、ヘルメスを目覚めさせるようですね」

知人は言いました。チャネリングはそれで終わり、そして私の中で点と線が繋がりました。エノクは帰星してメタトロンに転身し、その後、ヘルメスとして生まれ変わっているのです。「三度偉大なヘルメス」と言われた所以です。なぜマリア様が『エノク書』を読むように言われたのか、その謎は解けました。

「私はピラミッドに行かねばならない……私が本当にヘルメスの生まれ変わりであるならば」

その日から私のDNAの記憶回路は、ヘルメス、そしてピラミッドに関係する情報をダウンロードし始めたのです。

目覚め、そしてヒーリングスクールの立ち上げ

ピラミッドに導かれ始めて一年ほど過ぎた頃、「アセンション」という言葉を頻繁に聞くようになりました。一九八〇年代半ば、アメリカで旋風を起こしたニューエイジ・ムーブメントが日

本を席巻しはじめ、巷ではアセンションに関する書物が数多く出版され、ワークショップがあちこちで開催されるようになりました。

ニューエイジの根本思想は「自分の現実は自分がつくりだしている」というものですが、その考え方に初めて触れたとき、私はそれまでの自分のアイデンティティーが覆されるほどの衝撃を受けたのです。この思想に従えば、自分に起こる現実は「自分」以外に何一つ「因」がないということになるからです。どこまでも「自分」に因があり、現象を引き寄せているとするなら、考え方を変えてみれば、どんなよい結果もまた引き寄せることができるということに他なりません。

私はその時から、先ず「幸せになれない理由」や原因が何なのかを探求し始めました。

私たちは通常「記憶」は脳という装置にインプットされるものだと思っていますが、実は細胞のDNAに全ての「記憶」はインプットされるのです。親指と人差し指を輪にして診断するOリングテストは、筋肉の細胞に記憶された個人情報で自分にとっての良し悪しをテストします。つまり、筋肉は潜在意識そのものなのです。「身震い」「鳥肌が立つ」「胸騒ぎ」等は脳の記憶ではなく、脳以外の筋肉の細胞の記憶が私たちに「何か」を知らせているのです。では、私たちの細胞にはいったいいつから、どれくらいの記憶が有されているのでしょうか？

それは、「宇宙開闢《かいびゃく》から、宇宙の終焉まで」です。そう、私たちの細胞は未来も記憶しているのです。そして「胸騒ぎ」は未来の記憶なのです。

私は、この理論をもとに、ヒーリングとアロマテラピーを教えるヒーリングスクールを二〇〇〇年に立ち上げました。

肉体と感情の浄化とは

では「アセンション」が意味するところの「次元上昇」とはどういうことなのでしょう？

それは、この三次元の地球が五次元に移行することなのだそうです。「五次元」に移行するとはどういうことなのでしょうか？　アセンション後の地球はどんな世界になるというのでしょうか？　そしてなぜアセンションは起こるのでしょう？　この地球にいったい何が起きるというのでしょうか？

「具体的に知りたい……教えて欲しい……」

そういう思いが強くなり、私はその頃ブームになっていたスピリチュアル・リーダーとお会いしたり、セミナーやワークショップに参加したり、その手の書物を読み漁りました。その中でわかったのは、アセンションの前に私たち人類は地球レベルの凄まじい天変地異を経験し、振るいにかけられるらしいということ。最悪の場合はポールシフトが起き、人類の存亡が危ぶまれる事態になるということ。どちらにしても、私たちは今生で未曾有の過酷な経験をするようです。

けれども、その後には今までの社会の有り様とは全く違う地上天国のような世界が顕現すると言うではありませんか！

「地上天国とはいったいどういう世界なのか……」

聞いたところによれば、

・病気がない
・学校がない
・貨幣制度がない
・犯罪がない
・結婚という制度はなく、相手が見つかれば自由にでき、子どもは相手がいなくても欲しいと思えば自由に産むことができる
・思った事が直ぐに実現する

以上ですが、動物は蛇がいないだけであとは全ているのだそうです。ライオンとウサギが隣同士で寝ているとも聞きました……。

なるほど、これは確かに地上天国です。けれども、その地上天国が実現する前に、私たちは地球レベルの禊《みそぎ》を受けると言われており、先ず優先されるべきは、その禊をどう乗り切るかということになります。

地球は、二万六千年毎に自らの自浄作用で生まれ変わり、新たな歴史を刻み込んで来ましたが、その生まれ変わりも今回で終了します。いえ、今回はどんな事があっても終了しなければならないのです。これは、地球と天地開闢前の大根元の総身躰「元無極躰主王大御神様（ムトフミクラエシノシオ・オホミカミ）」との約束であり、宇宙の法則だからです。

そして、天変地異の禊に先んじて、私たちは自己の禊を行わなければなりません。アセンションがスムーズに滞りなく行われるために必要不可欠なのが私たち人間の「肉体」「感情」「魂」の浄化なのです。さらに、「浄化」の前にもっと大切なことは、「自分を知る」ことです。己を知らずして、「禊」はなく、「禊」なくして「アセンション」はありません。

自分を知らない人は先ず意識が明瞭ではなく、ボヤけています。意識が明確でないとは、潜在意識に何らかの不安や怖れを抱いているということに他なりません。それらの「不安」や「怖れ」から無意識に逃げよう逃げようとしているので、ついつい自分を忙しくしたり、何らかの中毒になってしまいがちになります。アルコール中毒や、薬物中毒、その他のあらゆる中毒や企業戦士、ワーカーホリックと言われる人々は、自分の感情を代償にして何かを維持したり、業績を残しているると言っても過言ではないと思います。

潜在意識に潜む感情の浄化は、私たちにとって最大のテーマであり、また最大の難問でもあります。「浄化」という言葉は実はあまり適当な言葉ではなく、それはどちらかと言うと「統合」

に近いのですが、「統合」と「融合」を合わせたような感覚です。つまり自分の身体や心の中のネガティブな感情やエネルギーを浄化するには、その全てを判断もジャッジもせずに認め、受け入れ、そして「感じつくす」ことが重要なのです。「感情」は純粋に常に自分を思うように表現したがりますが、それを制限したり、理解してもらえないと、無自覚に違う方法で表現しようとするため、いろいろな形でトラブルを起こしてしまいます。人は「良い子」や「良い人」を演じすぎると、必ずどこかで反動が起きます。要するに、感情はいつも適切に表現されたいと思っているからなのです。そして、表現されなかった感情は、いつかどこかで思いを遂げるべく機会を待っており、必ず「成仏」したいと願っているのです。そうです、表現されなかった感情は、「成仏」したいと願っているのです。

私は、その「表現されなかった感情」を人為的に浄化する方法を自分なりに模索し研究した結果、中国医学にヒントをえて独自のヒーリングを考案しました。その方法でヒーリングをし始めたところ、クライアントの意識は確実に変わっていきました。

その方法とは、細胞に記憶されたトラウマ、カルマ、未浄化のご先祖のエネルギーのクリアリングを一人二時間かけて五回行うのです。具体的には、ネガティブなエネルギーの抜き取り作業なのですが、身体の中に閉じ込められたさまざまなエネルギーは、簡単な誘導であらかじめ設定しておいた光の中へほとんど自動的に上がっていきます。

私は、初めからヒーリングの能力があったわけでも、見えたり聞こえたりしたわけでもなく、おそらくマリア様とのコンタクトが始まり、ＤＮＡレベルの操作が行われた結果、ヒーリングができるようになったのだと思います。このヒーリングにより、明らかに肉体、トラウマ、カルマの浄化がより早く結果が出るようになりましたが、今のところはまだ七十パーセント位で、百パーセントではありません。

日本の神々との対話

私が「師」と初めてお会いしたのは、ヒーリングスクールを立ち上げて三年後、今から九年前のことでした。あまりにも想定外の方で、「師」のような人間に会ったのは初めてでした。正体不明で、人間として捉えるにはスケールが大き過ぎ、リモートビューイングにかけては恐らく世界屈指ではないかと思います。「師」と最初にお会いしたときに、私は親子で個人セッションを受けさせていただきました。「きみは前世が細川ガラシャだね」それが「師」の最初の言葉でした。その時の私には全くぴんとこなかったのですが、常に私の意識の奥底に流れる「絶望感」や「哀しみ」は、まさしくガラシャ夫人のそれと重なるのを、その後八年を経て知ることになりました。

意識の根底に微かに流れるもの

意識の根底に微かに、時に吹き上げ、時になりを潜め、浮き沈みを繰り返しながら、それでも決して消えることのないその「感情」は、持ち主がビジョンと共に明確に「思い出す」その時を辛抱強く待っているのです。私の場合、最初の絶望感と哀しみの記憶は、今から半世紀も前の話で、小学校1年生の夏休みに入った時でした……。ある日、遠くに住んでいるはずの大叔母が家に遊びに来ると言うので、私はかなりはしゃいでいた気がします。大叔母は、その日家に泊まり、翌日帰るということでした。

次の日の朝、大叔母は唐突に「家に遊びにおいで、夏休みだから少しゆっくり遊んでいくといいから」と私に言いました。大叔母夫婦には子どもがなく、私はそれまであまり会ったことはなかったものの、会えば何かと可愛がってもらえたので、つい「うん、遊びに行くよ」と答えて、行ってもよいかと母に訊ねたところ、意外にも「いいよ」と短く即答で返ってきたのでした。

それから私の旅行支度は手早く調えられ、日程よりも大きな荷物に驚きながら、「お母さん、直ぐに帰ってくるのだからこんなに荷物はいらないよ」と言ったことを覚えています。そして母は私たち二人を駅まで見送りに来て、発車のベルが鳴り始めると、崩れるように座り込んで泣き始めたではありませんか……。

「おばちゃん、あんなにお母さんが泣いているから私はもう行かない」

と言って、動き出した列車の窓を開けて外へ飛び出そうとしました。大叔母は私の身体を必死に引っ張って座席に戻し、そのまま私を抱きかかえてずっと離さずにいました。私は、子ども心にただならぬ事態が起こっていることを感じていたように思います。なぜなら大叔母も泣いていたからです……。そして、私は次に大叔母の口から信じられない言葉を聞くことになったのです。

「お前は、明日からおばちゃんの子どもになるんだよ……」

何を言っているんだろう? どうして私がおばちゃんの子どもになるの? なぜ自分がそのような身の上になるのか、事態が全く飲み込めないままに、それから私は名字が変わり、学校も変わったのです。私は実質、大叔母夫婦の養女になったのでした。母とはその後、大叔母が癌で亡くなるまで一緒に住むことはありませんでした。未だにその理由は解りませんが、ただ一度だけ、母が会いに来てくれた時に、母は赤ちゃんを抱っこしており、隣には見知らぬ男の人がいました。

母と引き離されたのは実はこれが二度目だったのです。最初は父が浮気をして家出した時。私は四歳でした。毎日、母の帰りをバス停で待っていました。一日数本しか止まらないのですが、バスがとまるたびに、車掌さんに(当時は必ず女性の車掌さんが乗っていました)、

「私のお母さんは乗っていませんか?」

と聞いていたのを覚えています。夕暮れになると子どもたちはみんな母親が呼びにくるので

すが、誰も呼びにきてくれない私は泣きながら一人で真っ暗になるまで遊んでいました。その後、半年以上経って母は私を迎えに来ました。この時はまだ幼かったために、まだ悲しみだけだったように思います。しかし、二度目は決定的でした。その時、母に抱いた絶望感と哀しみの深さは今世で少なからず私の全人生に影響を与えているのは確かです。

決して苦労話をするつもりはないのですが、私の今世での絶望感を辿って行くと母に辿り着くといった、私と同じような経験をされている方もおそらく少なくないのではないかと思います。「佐賀のがばいばあちゃん」（徳間書店　島田洋七著）を読んだ時にはあまりに似ている境遇で、びっくりしました。

悠久の時を越えて～魂の出逢い

私が「その気持ち」にうっすらと気づいたのは小学校低学年の頃だったように思います。「絶望感」と「哀しみ」。この感覚は、いつも意識していたわけではないのですが、その時以来、大人になるまで私の意識の奥底に暗く横たわっていました……。

その感覚の原因となるものは、今世で身に覚えのないものでもなかったのですが、「それ」は意識せずとも確かに私の全人生を支配してきたように思います。私の意識感覚としては「あずかり知らぬ感情」として……誰かと親しくなったり、恋愛をする年頃になると、その感覚はかなり明確に私の感情を支配し始めていました。そしてそれは、「無理やり引き離された哀しみ」という感覚を伴い、常に根拠のない「不安感」や「怖れ」に苛まれていたように思います。

その感覚は、特に冬の雪の舞う日に強くなり、「もう二度と逢えない……」という感覚はだんだんと私を圧倒し始め、涙がとまらなくなることもしばしばありました。それは私さえあずかり知らぬ、遠いとおい微かな記憶……その記憶の起源は一体いつ頃なのだろう……しかし、決して一度や二度ではない……。

私は六十年もの間、この「絶望感」と「哀しみ」にひたすら翻弄され苦しんできたように思います。それが一体どこからくるのか、どうすればその感覚は癒やされるのか、なんの術もないままに人生の折り返し地点をとっくに過ぎ、終末に差しかかろうとしている矢先に、そのセンセーショナルな想定外の出来事は起こりました。ある人との出逢いによって……いつしか、私の身体の細胞には小さな「悲しみ」と「怒り」が少しずつ少しずつ刻印され始めたのでした。大叔母夫婦の養女になったあとの私の人生は結婚するまで、「幸せ」とは程遠いものでした。

結婚する歳になっても、幼い頃に「幸せ」を皮膚感覚で味わったことのない私にとって「幸せ」を味わい浸るのはとても難しいことでした。そして結局、結婚もうまくいかず、さらに「絶望感」と「悲しみ」を重ねることになりはしたものの、「結婚なんかしているべきじゃない、もっと大切なものがある」という意識がずっとどこかにあったのです。

私の中の「結婚なんかしているべきじゃない」という意識と、淡いけれどもっと深いところに確かにある「絶望感」と「悲しみ」は、つい最近まで私を走り続けさせ、疲労困憊させてきたのです。どんなに走っても近づかないエンドゴール、どんなに埋めても埋まらない心の大きな穴はいつしか私の心を不毛にしていたような気がします。

恋愛などというものにはおよそ一生縁がないと思っていましたが、人が人を想うとはどういうことか、前世とは何なのか、カルマとは何なのか、神とは、アセンションとは……置き去りにしてきた沢山の疑問が再浮上し、その答えを探すべく自問自答を繰り返し呻吟《しんぎん》していたのでした……。

そして「それ」は起こりました。

「人間の人生は出逢いで決まる！」を信条にしている私は、その日も軽い気持ちでその方との約束の場所におもむきました。改札口を出たところで、初めてお会いするその方は私を真っ直ぐ見て手を振っていました。その後、食事に入ったお店でいきなり「一三〇〇年ぶりですね」と言われて……。

私は意味が解らず戸惑っていましたが、共通の話題が多いことも手伝い、話は尽きず、正直なところ、男性と話していてこんなにリラックスして警戒心を抱かずに話せたのは初めてだったのです。そんな心地よい時間が過ぎ、気がつけば四時間も経っていました。私たちはその時、次回お会いする約束などせずに別れたのです。

ところが、それから数日後、その彼からメッセージをもらったのです。そのメッセージを読んだ途端、私の魂の記憶は強烈に蘇り始めました。彼との出逢い以来、私の意識の根底に流れ続けていたあの感情「絶望感、哀しみ」はいよいよはっきりとその輪郭を現してきており、いっぽう、愛と呼ぶには重すぎ、けれどもお互いの魂は理性で抗うことなど到底できない程、強烈に惹かれ合っていたのです。

私たちは確かに「恋に落ちた」のです。これを「青天の霹靂」と言うのでしょうか？　しかし、この出逢いは、私にとって大いなるカタルシスを起こし、最大のカルマの解放を促すほどのものでもありました。

それからの、この身に起こった想定外の神計らいをどのように受け止めてよいかも解らないまま、私たちはカルマという感情の嵐にのみ込まれていきました。それまで殆ど「前世」というものに興味のなかった私は、「前世」の自分が一体何者で、何があったのかなどというのは自分の預かり知らぬことであり、今世には全く関係のない、意味のないことだとさえ思っていました。けれども、あの日の、彼との突然の出逢いによって、明らかに私は「前世」という未知の世界に踏み込まざるを得なくなってしまったのです。そしてそれは、あまりに深く、あまりに切なく、あまりに残酷なものでありました。私たちは、嵐のような思いに翻弄されながらも、まるで初恋の少年と少女のようにただただ素直に真っ直ぐにお互いを求めて走り始めていたのです。そこには、理性や分別や常識など微塵も入る余地などありませんでした。そして、一方で、どうしてこんなにも強く相手を欲する自分がいるのか不思議でなりませんでした。

私たちはお互いの気持ちを確かめ合いたいと思い、早々に次に逢う約束をしました。ところが、悲劇はそこから始まったのです。私たち二人は数ある転生の中で数回、悲劇の出逢いをしていました。しかし、二人の愛が深まれば深まるほど、私は不可解な思いに囚われていったのです。確かに私は彼を愛する一方で、逢う度に彼に対して高まる、言われのない不信感や怖れや拒絶感に苛まれていたのです。毎回デートの後に、なぜか急激に、何の原因も意味もなく落ち込むのです。それも単なる落ち込みではなく、自分では到底這い上がれそうもないほどの絶望感や悲しみの渦に巻き込まれるのです。苦しくて、「もうあなたとは逢わない、逢えない」と何度言ったことでしょう。

私はある日、思いあまって、信頼の置けるチャネラー二人にこの原因を観てもらうことにしました。Rというチャネラーは「先生の気持ちはよくわかります。当然でしょう。私は原因を言えないでいたけれど、聞きたいですか?」と彼女は言いにくそうに念を押したのでした。

私はこの苦しみから解放されるのであれば、どんなことも受け入れる覚悟で彼女の話を聞き始めました。彼女の口から出た「前世」での驚愕の出来事は私を打ちのめすのに充分でした。

「先生は彼から首を跳ねられ、殺されたことがあるんです。その時私は傍で見ていたんです！」

私は言葉が出ませんでした。

「だから、だったんだ……」

私が彼を怖れ、絶望感と悲しみに包み込まれてしまうわけは……これだったんだ……でも、なぜ？

納得はしたものの、理由がわかりません。なぜ、私は殺されなければならなかったのか……納得はしても、自分の気持ちがすぐに片づくわけはなく……。

宿命のツインフレーム

「一三〇〇年ぶりですね」

彼と会って以来、この言葉は私の心を捉えて離さず、たえず耳元で繰り返しく響いています。

「一三〇〇年前……？」

何も思い出せません。一三〇〇年前に私と彼はいったいどういう間柄だったというのだろう？

それまですっかり休んでいた私のハートのアンテナは、このことを境に、少しずつ目を覚まし始め、そして彼の告白メッセージをきっかけに、真っ直ぐに彼という存在に周波数を合わせていき始めました。

それは今までにない感覚でした。私たちはまるで初恋の少年と少女のような初々しい感覚でお互いの胸の内を和歌で語り、メールのやり取りをしました。彼を求めてやまない想いは、恥じらいも常識も理性さえもいともたやすく打ち砕き、何がなんでも真っ直ぐに彼に向かおうとするのです。

「抗う術のないほどの想いならば……素直になるしかない……」

しかし、この雪崩のような想いは一体どこからくるのだろう？　今までこんな気持ちになったことはなかったような気がします。しかも、お互いに同じことを同時に感じているのです。体調の悪さや、落ち込んだ時などもお互いに同時に感じるのです。その答えは彼が知っていました。

その理由は二人の前世にありました。私と二度目に逢う前日、情報のダウンロードが突然起こったのだそうです。私たち二人がいつ頃、どういう関係で出逢い、どのような結末を迎えたのかを彼は全て知っていました。

私は二十三回の転生の中で、日本では二回女帝を経験しており、その最初が一三〇〇年前のことで、彼は天武天皇の皇子。お互い立場のある身でありながら、道ならぬ恋に溺れたのだそうです。

私が彼の手にかかったのはインドの王族の時代だったとのことです。一族の王位継承の争いに巻き込まれた彼は、最終的に妃の私を人質に渡すように言われ、そのことが何を意味するか解っていた彼は、敵方に蹂躙されるくらいなら、いっそのこと我が手で……と、苦しみ抜いた結果の結論だったのでした……。

その時の様子を私は鮮やかにビジョンで見せられ、彼もまた同じビジョンを私が見たすぐあとに見ていました。

そして、私の遺体を自分の甲冑に納め、「もう二度と軍人にはならない。二度と女性を愛することはしない」と固く自分に誓い、その後の転生は、僧侶と宦官を繰り返し、自分の心と身体から女性に対する欲望や愛さえも徹底的に封印し続けてきたと言います。

けれども、その時の私は何も聞かされず、何の説明もなく、突然我が愛する夫から手にかけられ、あまりのことに驚き絶望し、「なぜ……私を……なぜ……」という無念の思いを残したまま、その後の転生全てが「絶望感と哀しみ」に彩られてしまったのです。

全ての人生の記憶の奥底にいつも暗く静かに流れる絶望と哀しみの原因がわかり、それがまた彼との出逢いによって一気に噴き出してしまったのです。二人の愛が深まれば深まるほど、彼に対する疑いや「また裏切られるのではないか」という思いがいや増して、怒りや憎しみさえも出て来るのです。その苦しみは尋常ではなく、自分でわかるほど、カルマのエネルギーは重苦しく暗く、私を包み込んでしまっていました。

「今回はどんなことがあっても、このカルマは浄化しなければならない……」

私達は苦しみました。現実の彼はとても優しく、誠実で私を魂ごと受け入れてくれているにも拘わらず、逢う度にわき起こる感情はコントロール不能になることもしばしばあり、もう限界が来ていました。

原因が解ったからといって、数千年も持ち越してきた感情がすぐに収まるものでもないとは解っていましたが、いつ消えるともわからない、得体の知れないものにこんなに翻弄されるくらいなら、一人の方がましだと思い、今度こそは本当に「別れ」を心に決めたその時でした。

私は自分にわき起こる感情を感じてみようと思ったのです。しっかりと感じてみようと思ったのです。翻弄されるのではなく、しっかりと感じて、その感情がおのずから昇華されるのを待とうと思ったのです。

その効果は絶大でした。そして、その感情をじっくりと感じ始めた時に、これは「禊」だというインスピレーションを受け取ったのです。湧き出てくる感情は本人が巻き込まれさえしなければ全て自然に消え去っていく……とわかったのです。これは、大変な気づきでした。

そして、私たちはもうひとつの重大な宿命をも背負っていたのです。「ツインフレーム」という宿命を……。

私は「ツインフレーム」の意味をいろいろと調べてみました。いわく、

・「ツインフレーム」とは、その名のとおり、二本のろうそくの炎が互いを照らし会うように、

互いの魂に共通した使命や目的のために助けあうソウルメイトのこと。
・初対面であるにも関わらず、家族のような安心感と信頼感があり、困っている時に聖なるタイミングで助けてくれるパートナーであり「同志の魂」のようなものである。しかし、ツインフレームが男女の場合、普通は恋愛には発展しない。
普通の人との違いは、
・以前に会ったことがある感じ。
・会話をしなくても、相手の感情が読み取れる。
・今までにない深い繋がりを感じる。
・肉体的、感情的にシンクロ現象がある。
・そっくりな部分もあれば正反対の部分もある。
・相手から何かを奪おうとせず、全てを与えようと思う。
・お互いにありのままでいられる。
・無条件で理解できる。
・お互いの感情が陰陽の関係。
・ツインフレームもツインソウルも、お互いの準備が整い、魂レベルがある一定の同じ波長に達した時に絶妙なタイミングで出会う。

「男女のツインフレームの場合、普通は恋愛には発展しない」という点を除くと、私たちには全てが符合するのでした。これはもう疑うべくもない、運命的な出会いであることがよくわかりました。

これまでも幾つか恋愛は経験し、そのひとつひとつが私にとって有り難い学びであり、愛と言うものを深く感じさせてくれるものだと思っていました。ところが、私にとって最後になるであろう今回の出逢いは、三次元的に捉えることがとても不自然に思えるのです。

彼は私がどんな酷いことを言って傷つけようとも辛抱強く、私の全てを受け入れようとしてくれました。以前から心臓と肺に異常を感じていた私は、時々痛みに襲われ、かなり危険な状況に陥ることがあったのですが、そんな時、離れていてもいち早く察知してくれて、直ぐに遠隔ヒーリングを行ってくれます。

こんな経験は初めてでした。「僕は守り抜くよ」と彼はよく言います。それは私が誰よりも感じていることです。

私のヒーリングスクールではヒーラーとしての心構えを教えますが、その中に「あけわたす覚悟」というものがあります。

「自分の自我を脇に置いて、今、目の前にいる人を完全に受け入れ、奉仕することができること」ということなのですが、そこへ至るには心と魂のかなりの成長が必要です。彼は確かに最初の出逢いから、完全に私を受け入れ理解しようとしてくれました。何よりも私を優先してくれて自分のことは後回しなのです。私と離れている時も、常に私の心身のエネルギースキャンをしてくれて、少しでもおかしいと感じれば、二十四時間体制で直ぐに遠隔ヒーリングをしてくれます。彼の私に対する姿勢はヒーラーとしての理想の姿だったのです。

己のエゴを完全に昇華させた彼の無我のホスピタリティーに、私はいつしか魂をも救われていました。何もかもを赦され、理解され、受け入れられているという感覚……正直、今までに誰に対しても感じたことのない感覚でした。

この「あけわたし」の感覚こそを地球の全女性に感じて欲しいと心から思います。そしてまた、自分の大切な人たちに感じさせて欲しいと私は願います。

この「あけわたし」について「ガイアの法則Ⅱ」（ヒカルランド　千賀一生著）に重要なことが書かれていますので、引用させていただきます。

あなた方は、国という縛りから自由にならなければいけない。しかし、その為には、まずあなた方自身が変わらなければならない。現代のあなた方が、次々に異性を求め、求めるほど枯渇が生ずるのは、アメノウズメの原理に象徴される人間の天来的在り方を失っているからだ。そしてそのことを魂が知っているからだ。

あなた方の社会の女性たちには、社会的に作り上げられた権利概念により、男性を有利にさせる女性になってはいけないという思いがあり、宇宙の原理とは逆方向の、愛が成就することのないいばらの道を歩まされている。人間は、心理的自衛の壁を固持したままに二元性を超えることはできない。自衛心理は『あけわたし』とは逆の方向性であり、相反する二つを認めた場合、心理的分裂を引き起こすことになる。真のあけわたしは、女性性の全てを解放させると同時に、全てが守護され、与えられる存在本来の状態へと至る唯一の道である。あなた方は、短絡的な自衛により、無敵の天の力の守護を失っているのだ。

自衛心の裏には恐怖心がある。恐怖による道は、狭い枠組みに人を押し留め、愛の欠乏を生む。そしてそうした欠乏感から生ずる飢えと欲求が、あなた方男女関係の全てとなっている。

あなた方が愛と呼ぶ愛は、愛欲に他ならない。愛欲は、その欲求が作り上げた観念上の異性を追求することしかできない。愛欲が引き寄せる異性は、同質結集の法則により、同じく愛欲の異性となる。それは女性にとってはまさに女性を自身の都合のいいように扱おうとする男性であり、自身の次元通りの現実を見ることになる。

そうして男はそういう存在であるという観念はさらに確固としたものに強化され、宇宙から外れた空回りの観念が現実となり、そこから抜けだせなくなる。

人間は、『あけわたし』の次元に至らない限り、誰かや、何かに振り回され続けるのだ。それから逃れられるかに見える自尊心の強化は、決してそれから遠ざかる道ではなく、むしろあなた方をその次元に縛り続けるのだ。

そのような中で本来は交流すべきではない相手との交流をその愛欲に動かされ遍歴しながら傷を深め、自身を守るための自衛心のみを太らせているのが今のあなた方の現実だ。

現代地球人の肉体関係を総合的に見るとすれば、その9割以上は、本来は出会うべき相手ではない出会いとそれによる性交関係だ。そしてそれを通してあなた方は天から与えられたあなた方の霊性と天命を著しく損なっている。性交は霊性と霊性の出会いである。それは本来、相手の霊性との一体化による小宇宙の確率であり、霊性のかみ合う相手は天来的に定まっており、引き寄せ合うようにできている。人間は本来、宇宙に共鳴する存在であり、その共鳴次元はあらゆる生命中、最も高次であるため、宇宙に共鳴していれば必要な事象のすべてを引き寄せるだけの力を持っているが、あなた方はこの力を封印してしまっているために、男女間においても出会うべき相手との出会うべき形での出会いを引き寄せる力を失っている。

宇宙との共鳴を成立させる聖なる中枢は性の歪みでますます乱れ、その乱れは出会うべきでない不快感を伴う異性を引き寄せることになる。そしてその相手の精神波を受け、ますます乱れるという悪循環が繰り返される。宇宙との共鳴次元に至らない限り、人間は人との出会いが苦悩となるようにできているのだ。

それは、人間を必然の領域へと飛翔させるためである。自身の霊性に天来的にかみ合う相手には、魂は自ずと献身性へと導かれる性質があり、その導きに従えば、性交は、単なる肉体上の快感を超えた至上なる喜びを提供し、両者の天性を開花させることになる。それは必ず偉大なる創造性を生みだすが、一時の愛を求めての宇宙的流動なき性交は、逆に各々の中に淀みを生じさせる。

水が天空に帰り純化されるような円的流動が生まれないからだ。すなわち、それは、相手の背負っているカルマ的霊性を性器を通して吸引したままにとどめてしまうことを意味している。多くの異性と交われば交わるほど、その見えざる本質因子はあなた方の内部に異物のように蓄積され、恒久的に影響をもたらし続けることをあなた方は知らない。

この霊的異分子は、潜在的不快感覚の要因でもあり、理由のつかない不満や怒りの感情となって表れ、自身ではどうにもならない心理の原因となる。交わる相手によっては、心理レベルの影響を超え、霊障に等しい影響となって後々の運命の流れを損なうことになる。

そうしてあなた方は、むしろセックスによって天来の愛に巡り会う道を閉ざしている。あなた方が真に愛に満たされる道を実現しようとするのであれば、異性を次々に求め、複数の異性と交わり続けるフリーセックスを真の性の解放と思わせる要素を持つ思想や団体、セミナーなどに注意しなければならない。それらの背後には、文明維持者の力と金儲け主義が直接・間接に潜んでいる。

自由をもたらすかのようなそれらは、一時的な陶酔と高揚感と引き換えに、逆にあなた方から愛を奪うものでしかなく、天来の相手と出会ってもその相手を無意識に拒否してしまう観念のフィルターを形成させてしまうことになる。

文明維持者たちは、性観念のコントロールが社会コントロールに結び付くことを知っており、進歩的、超越的に見えるスピリチュアル思想の背後にも彼らの手が潜んでいることが少なくない。中心軸を失っているあなた方は、甘美な世界に著しく弱いのだ。現代の結婚形式とそれによる諸々の観念も、現代文明によって作られたコントロールであり、それに縛られた男女関係も、真の愛から人を遠ざけているが、それを超えるかに見える諸々の思想団体の背後には、それ以上の魔の手が潜んでいる場合が少なくないことをあなた方は、見破らなければならない。

簡単にこうしたコントロール下に置かれてしまうあなた方の心の裏には、存在は個からスタートするという、誤った宇宙感と、それによる愛の欠如と飢えがある。


千賀氏は、さらに、こうも述べています。

二人の対人間において、あなた方は、両者の利が半々であることが望ましいと考え、それがアンバランスな場合、不利な者は、自身の権利を主張したり、守ろうとして当然と思っている。そしてそうしなければ幸せになれないと思っている。しかし我々は、そのような次元に生きることを決してしなかった。

なぜなら、宇宙の原理に基づくならば、自ら片方があなた方がいうところの『不利』な側に回ることを快に感じるように存在は本来できているからだ。今のあなた方には理解し難いだろうが、このオフバランスこそが、宇宙の創造原理の本質でもあるのだ。性行為において、女性が身も心も男性の望み通りにゆだねる時、現代のあなた方はそれを男性主体の行為に思うであろう。だが、本質次元においては、この時、存在の次元変容の主体は、女性側にあり、実際次元変容は女性側から発生するのだ。そして女性側の次元変容と高次な快の流動を受け、男性もそれへと至るのである。それは、個の次元が個の領域を超える瞬間でもある。

宇宙は円である。皆で手を繋いで円を作る時、個人的な意志や願望を反映させようとしては円とはならない。それらを自ら手放して、円という存在に自身を解き放つ時、魂は真の充足と自由へと至るようにできている。皆が共有の空間で整然と一つになる時、空間に中枢が生まれ、中枢で魂が結ばれる。円は、宇宙のあらゆる側面を人間に示すことを我々は知っている。神聖なる中心への自己提供は、神聖なる宇宙的次元の自身の成就であり、真の自己の実現を意味している。唯一、エゴのみがそれを苦痛に感じるのである。現代のあなた方は、個人的意見を主張して自衛しなければ自身を守れないという、存在への恐怖を基盤に生きている。だが、我々はそれを超える人間のあり方を長期に渡って実現することができた。あなた方の恐怖心は、宇宙本源なる次元へつながることが、いかに人間にとって完全な世界につながる行為であり、いかに人間を崇高な存在とさせるかを忘れたところからきている。我々にとっては、あなた方のような個人的意見の誇示ほど人として低次な行為はなかったのである。

ここに書かれてあるのはシュメールの神官が千賀氏にコンタクトしてきた内容だそうですが、宇宙の真実を表した哲学の中では完璧に近いものだと感じます。私はこの本を読んだ時に感動を超えた衝撃を覚えました。

魂の奥底で微かに気づいていた感覚はこれだったのか……限りなく献身的な母性への憧れやその疑似行為は常に自身の奥に本質的に持っていたものだったのだと淡い喜びを感じたのです。思い起こせば三十年ほど前になるでしょうか。宇宙の真理を知りたい、この世の真実を知りたいと思い始めて、ただがむしゃらに探求してきましたが、結局、私のエンドゴールへの道を邪魔しているものは常に自分のエゴであったように思います。

私は、ここに書かれているように、女性はパートナーを通して宇宙を信頼し、ゆだねきることができた時に揺るぎない幸福感と悦に浸ることができるのではないかと思います。そして、そこに至るにはまず自我を超え、カルマを超えなければならない。私のパートナーはそのために出会った相手でした。そして私は今、天来の相手と出逢い、お互いのカルマをお互いの努力で超えることができ、天命に向かってまっすぐ歩き始めようとしています。これから地球に存在する全ての生命体は、その本質的な存在理由を問われるような体験をすることになります。

神々は、私たち地球人類一人ひとりが人間としての天命を全うして生きたかどうか、それだけを問われているのです。

「人間としての天命」とは善悪を超えて真実の「悦」に至ったかどうか……それだけなのだと思えます。

ある日の神の言葉です。

「人生に於ける障害や不幸に囚われるのはもうおやめなさい。何故なら、あなた方は幸せにしかならないように決まっているのだから。不幸になることは、もうあきらめなさい」

宗賢の巻

旅立ち

その時は突然やってきました。夕方、マロ殿が辞世の挨拶に来られたのです。

「かねてから人生五十年と思っていたのですが、終戦六十六回目を迎えた今日がその日と覚りました。古神道家の矜持《きょうじ》を保ちながら、神上がりします。人間という形をとって、一万四千有余年。転生を繰り返しながら、この物質界での学びを深めた結果、三つのカルマ解消と究極の封印解除にたどりつきました。顧みるに、悲しみとさみしさの勝る人生でしたが、禊を終わらせることにより、わだかまっていた感情をすべて昇華することができたと思います。心は軽やか、光に満たされています。十年余りのおつきあいでしたが、お世話になりました」

この四週間、マロ殿が最後の封印解除に全力を注いでおられたので、解除できた後は、きっと新たな展開が始まるにちがいないと期待していたのです。ところが、それがまさかの神上がりだったとは……驚きのあまり、わたしはマロ殿の顔をみつめたまま、言葉を失いました。なぜ、神上がりなのだろう？　禊が終わったからこそ、新たな境地で道を拓いていけるはずなのに。古神道家としての実績も積み上げてこられたのだから……卒業するのは早すぎるのではないか……。

「仕事にも修道にも無我夢中で取り組んできました。確かに困難なことは多かったです。それを、人生は心ひとつの置きどころ、と達観して、一つひとつ乗り越えてこられたのは幸いでした。人生五十年、やるべきはすべてやり、わが使命完遂せり、と思っています。もっとも、この世界のことはこの世のこととして進めていかなくてはなりません。後事をお願いしたいのです。お受けくださいますか？」

穏やかな笑みとはうらはらに、マロ殿の眼差しは真剣でした。眼の光からは決意のほどが伝わってきます。神人合一。マロ殿が求めてやまなかった境地へ進まれるのだな……

「承知しました。お任せください」

「ありがとうございます。その言葉を聞いて、安心しました。これで思い残すことはありません。この心光明、またまた何をか言はん。王陽明先生の心情、すなわち、わが心です。忘れえぬ人生となりました。再会を約して、今はしばしのお別れです」

眼を窓の外に向けると、茜色に染まった雲の合間から、黄金色の光が差し込む光景が見えました。その中に小さな光の球体が現れ、形を作りながら、次第に大きくなっていきます。

マロ殿を迎えにきた一行のようです。先頭にはマロ殿の御祖神さまがたたれています。その後ろにマロ殿の産土《うぶすな》さまがペア神を伴って続き、さらには、マロ殿が大事にしてこられたご存在たちが従っておられます。美しく清らか、しかも、凛として厳かな光に輝いています。そこから一条の光がのびてマロ殿を包み込むと、マロ殿はその光の中をゆっくり昇っていき、一行に迎え入れられました。そして、夕陽の最後の輝きとともに、一行は虚空へと消えていきました。

追悼

わたしがマロ殿と出会ったのは十年ほど前のことでした。古神道の門をたたき、広間で師匠をお待ちしていたとき、となりにすわっておられたのがマロ殿でした。小柄な体格で、年齢の割には若づくり、両目尻の笑いジワが印象的な方でした。茶髪は前髪を金メッシュでまとめていて、「これでも現役のサラリーマンなんですよ」とウィンクしながら自己紹介された顔がまぶたに焼きついています。

古神道の師匠のもとで、ともに指導を受け、ともに神業へ出かけるうちに、マロ殿とは完全に意気投合しました。優しく穏やかで、笑顔を絶やさず、桜花のような奥ゆかしい華があり、やんごとなきお生まれなのではないかとつい思ってしまうほどに品格があり、立ち居振る舞いの美しいお方でした。細やかな心配りを欠かしたことがなく、神仏には丁寧に真心こめて向き合っておられました。神業仲間からは信頼され、特に女性には人気があり、慕われておりました。誰彼分け隔てすることなく、温かく包みこむように接しておられたからでしょう。

霊的能力に優れた女性たちは異口同音に、マロ殿が神さまに気に入られているとも話しておりました。古神道仲間有志による神社正式参拝へマロ殿が参加したときのことでした。わたしたちの師匠の助手をつとめる女性の方に導かれ、その神社の奥宮なる場所へ行きました。奥まったところにあるとはいえ、うら悲しく、お社からはご神気がほとんど感じられないという不思議なところでした。急遽、祓い清めることになりました。お社が清まった頃、「マロ、鳥居の前で神さまがお待ちです。あなたに先達してほしいとおっしゃっています。導いてさしあげてください」と師匠の助手にうながされるまま、マロ殿は神さまをお社へお遷し申し上げ、ついで、神さまに寂しい思いをさせたことに対して、氏子になりかわり平身低頭、お詫びを申し述べ、お社があるべき姿に戻ったことを言祝ぎ、神歌を朗詠されたのでした。帰宅途中、食事をしているとき、同行していた女性が「神さまはとても喜ばれておられました。お見事でしたね」とマロ殿を慰労されたとき、さもありなんと思ったことでした。

また、わたしたちの師匠の神業に同行したときのことでした。初日の予定を終了し、ある神社で解散した後、師匠の助手がマロ殿を摂社へと誘ったのです。いわれるがままに、マロ殿はそのお社の前で、祈りに入られました。しばらくしてから、助手の女性はお社から何やら受け取り、それをマロ殿に渡されたのでした。「摂社には剣の神がいらっしゃいました。神剣を下さったのです。翌日の神業になくてはならないものゆえ、そちに帯刀を許す、大任を果たすようにとのことでした」。翌朝、マロ殿がそうつぶやかれました。そして、その日のマロ殿は、神剣そのものになって、難局を切り拓かれたのでした。神業からの帰途、師匠の助手が目を細めながら、「光の剣で祓い清める姿は美しかったわよ。よきかなと神さまは満足そうでした」とマロ殿に話しかけておられました。

いっぽう、そのバランスのとれた姿勢とは対照的に、夢中になると時のたつのも忘れてのめり込むところがマロ殿にはありました。マロ殿が神剣を佩《は》いた後、しばらくしてからのことです。師匠の実技指導は厳しさをまし、

「わたしをよく見る。わたしの動いたとおりに動く。教えられたとおりにやる。なぜできない？」

と師匠に叱られることが頻繁にありました。師匠に睨まれると、弟子たちは身動きがとれず、その場に立ち尽くしてしまうのでした。

「感情的ですよね……でもあの言葉にとらわれる必要はないでしょう。技は盗むもの。師匠は何も教えない。弟子は、見の目と観の目で、師匠の所作をながめみつめ、そこから感得したものを自分の技にしていくだけです。なぜあのようなことを師匠はできるのでしょうね」

淡々と語るマロ殿は、何度も練習しては神業で試し、書物を読み漁ってはヒントをつかみ、と修練を繰り返しておられました。その嬉々とした表情、楽しくてしかたがないという雰囲気には眼を見張るものがありました。その成果はマロ殿の物腰の柔らかい、みやびなスタイルに結実したと思います。伝授された技は磨かれ、工夫を凝らした結果、神業での対処もきめ細かさを増していきました。

「師匠が古代、超古代に眼を向け出したとき、それはちょっと違うかなと感じました。わたし自身は産土さまの世界を突き詰めていきたいと。師匠からはひととおり作法を学び、奥義の伝授も

受けていたので、自ら進むべき道を切り拓くことにしました」

　このようにして古神道家マロ殿が誕生したのでした。

　仲間でありながら、先達として常に半歩先を歩いておられたマロ殿。そして、神業の成果を神々に認められても、謙虚であることを常に忘れなかったマロ殿のことがわたしは大好きでした。神上がりを果たされた今、日本人の使命に生きたマロ殿のことは、親愛の情、畏敬の念を越えて、いつも行動をともにしたわたしが語り残しておかなくてはならないと思うにいたったのです。書き残された日誌やメモ、やりとりしたメールをひもときながら、そして、一献傾けたときに語り合った話を思い出しながら。

回想

古神道入門以前
「毎年元旦は近江と山城の大社へ初詣するものと決まっていました。幼稚園の頃だったか、大社の崇敬会会員だった父に連れられてお参りしたのが最初でした。雪の降り積もった元旦の朝に吹きさらしの拝殿で祈祷を受けたこと、大社裏山の茶屋で一泊して、早朝に山の神へ祈りをささげたこと、が印象に残っています。この初詣は確か、大学受験の前の年まで続いたのではないかと思います」

「同居していた祖母は信心深い人で、神も仏も先祖も大事にしていました。毎年、お盆になると、お坊さまが祖母の家にきて、盂蘭盆会《うらぼんえ》を行ってくださるのですが、式次第が済み、お坊様の講話が終わり、正座から解放された後、祖母手作りのちらし寿司にありつけるのが楽しみだったりしましたね。お経が何を説いているのか、当時はまったくわかっていませんでしたから」

「中学一年のとき、仏像の本で目にした弥勒菩薩像には完全に魅せられました。そう、あのアルカイック・スマイル。写真を切り抜き、デスクマットに入れて、眺めては見とれていました。そのうち、あのスマイルが自分のスマイルになってしまったように思います。お像を直接拝観したのは、三年前でしたか。本当に美しかった」

幼稚園入園式のとき、参列する保護者の中に母親の姿を見つけられず、最初に泣き出したのがマロ殿だったといいます。小学校は、入学式当日、同級生から叩かれ、以降、いじめを受けてきたとも話してくださいました。もともとが泣き虫でさみしがり屋で引っ込み思案だったマロ殿は、ますます内向的になっていったようです。実生活ではお姉さまの支えがあり、精神面では弥勒さまが心の支えだったとおっしゃっておりました。

「受験勉強に明け暮れた灰色の高校生活を反省し、大学に進学したときは、専門に縛られるのではなく、もっと大きく、もっと広く学ぼうと心に決めました。書物を年間百冊読破しようと目標を定めましてね。薄めの教養本や新書が中心でしたが、読みました。その読書経験から、イスラーム神秘主義哲学と出会ったのです。イスラーム学の泰斗《たいと》にして、東洋思想を東洋哲学へ再構築する試みに着手されていた日本人哲学者に私淑《ししゅく》、傾倒し、東洋哲学の深みにはまっていきました」

もっとも、研究があまりにも専門的すぎ、自分自身の将来を展望できないことから、大学院には進まず、就職を選んだのだそうです。会社では国際畑の仕事に携わっておられ、わたしがお会いしたのは、マロ殿が管理職へ転じられて間もない頃のことでした。

古神道修道

マロ殿の古神道の師匠は、産土信仰の復興に力を尽くしておられる方でした。個人面談のとき、産土神の所在を見立ててくださったそうで、マロ殿は間髪を入れず、挨拶に出向かれました。その後、機会あって、ご自身の産土神とあいまみえるという体験をマロ殿はされたのです。「古神道には鎮魂帰神法という、神霊を降ろす儀式があります。審神役《さにわ》をつとめる師匠が神霊をお呼びし、神主《かんぬし》役の助手へ降ろした後、審神役が神主役をつうじて質問し、神霊が神主役をつうじて回答します。その質疑応答を繰り返し、降りてこられた神霊が正神界の神であることをまず見定め、ついで、伺いたいことに回答をいただくという形でやりとりが進みます。最後に、審神役が神主役に降りた神霊を元の御座《みくら》へお返しすることで式次第が終わります。その鎮魂帰神法を始めて目の当りにしました」

「わが産土さまのご来臨を依頼したところ、顕現なさったのは、『天下治召す《あまがしたしろしめす》』大神さまで、近江の大社に祀られている祭神でした。毎年、初詣に出かけていたこと、そして、自宅近くの神社へ行き、産土さまに挨拶したことをご存知で、対面できたことを喜んでくださいました。質疑応答の結果、大神さまがわが魂の育ての親であることが判りました」

「加えて、転生を繰り返しながら、しらずしらずのうちに積み重ねてきた、神仏や『いのち』に対するご無礼が霊的な成長を阻む要因になっているとも産土さまはお告げになり、元つ神へ詫びるようにとおっしゃったのです」

「神々の親神である元つ神について師匠の説明を受けてから、床の間の掛け軸に宿る神霊をつうじて、お詫びを取り次いでいただくことになりました。どのようなご無礼を働いたのか、自覚はなかったのですが、産土さまのご指示なので、掛け軸の前で平身低頭しました。どのくらい時間がたったでしょうか、何の反応も起こりません。どうなっているのだろうと感じ始めたとき、神主役に降りておられる産土さまがわたしのかたわらに来られ、掛け軸に向かって平伏されたのです。わたしの詫びが届いていないため、産土さまがお口添えくださるために頭をさげてくださっているのだと直観しました。大神さまが平伏されるのだから、あってはならぬご無礼をはたらいたにちがいない。そう思うと、胸がいっぱいになり、ただひたすら額を床にこすりつけてお詫びしました」

「このときの経験が古神道家としての出発点になったと思っています。おおらかで、男気で、情け深い産土さまのご神恩に報いたいな、とね」

このような経緯があり、マロ殿の修道は産土神を軸に進んだのでした。知見が深まるにつれて、土地毎の産土神をたばねるご存在のおられることが判り、さらには、そのご存在を統括する大神さまが存在し、日本の國体をも下支えされているという、日本の神々の仕組みを理解するに至ったのです。そして、國体に連なる霊統にも接点を見出すことになりました。以下、マロ殿の気づきと学びをマロ殿自身の日記から引用しておくことにします。

中今仙人

神業を続ける傍ら、マロ殿は古神道仲間の誘いを受けて加賀の白山へ登ることになりました。加賀國一宮でご挨拶したあと登り始め、室堂で一泊し、翌朝、山頂へ。ご来光を拝したとき、天空にヒメ大神さまがいらっしゃるのを感得されたといいます。

それからまもなく、マロ殿は中今仙人と出会うことになったのです。

「仙人は、白山からさほど離れていない山の麓に住まわれている方で、神國日之本の鎮護を担ってきた道の当主でいらっしゃいます。白山のヒメ大神さまがとりもつご縁だったのでしょう、白山へ初めて登山した年にお会いする機会に恵まれました」

「プラチナ色の髪と白いあごひげが印象的でした。とても大きなオーラに包まれていて、お会いした瞬間、なんともいえない至福感に満たされたのを覚えています」

「きみは諜報機関で働いているのかい？　目つきがきついね。精神世界には通じているようだ。背景もしっかりしている。おもしろい。では、聞こう。何を求めて会いにきたかな……と仙人は話を切り出されたのです。この方はすべてをお見通しなのだ、と直観したので、躊躇はあったものの、スメラミコトさまにお仕えし、この國を護るのがわたしの天命です、と申し上げ、教えを乞うたのです」

「年に二回、遊びに来たらいい、酒を飲もうや、と仙人はおっしゃいました。あまりにもざっくばらんなお答えに、正直、驚いてしまいました」

「その後、折々、さまざまなメッセージをくださいましてね。ただ、その内容が暗号めいていて、一言ひとことが多義的で、こめられた意味は深く、難解でした。これが仙人の流儀なのだと知りました」

「仙人は神出鬼没でいらして、東京にもしばしば来ておられました。都度、エネルギー補給しようとお誘いくださり、お供させていただいたものです。豪快で愉快で、その場を仕切られ、その場にいる人々を楽しませてくださるのです。その場のエネルギーを常に読まれ調整されているのがよくわかりました。酒とお金はエネルギー、エネルギーは動かすもの。仙人から直接学んだことのひとつです」

「あるとき、わたしの過去生について仙人にお伺いしたことがありました。古神道の修道をつうじて、今生に最も影響している過去生と解消すべき課題についてはおおよそ認識していたのですが、全体像がつかめずにいたのです。知らなくてよいこともあるよ、それがどんな過去生であっても、決してとらわれないとハラがくくれたら見てあげよう、と仙人はおっしゃいました」

ちなみに、今生の課題について、マロ殿が書き残された手記には、以下のとおり記されてありました。

「……瞑想していたとき、不覚にも、信じがたいビジョンをとらえてしまった。遠く古い記憶であることはすぐにわかったが、それが「最後のカルマ」だったとは思いもよらなかった。

今生、昇華すべきカルマは三つと決めて生まれてきたようで、そのうち、二つは古神道の鎮魂帰神で認識し、神業の実績を積むことで解消できた。いよいよ残るひとつ。意図しない自らの最期を見せられるのは決して気持ちのよいものではなかったが、その原因となり、今生まで持ち越してきた人間関係を清算することにする……」

そして、仙人の鑑定を受け、過去生をひととおり追体験したマロ殿は、その根底に横たわり、いずれの過去生にも影響してきた究極の封印に気づくのでした。そして、そのお膳立てが仙人によってなされたことにも。

鈍色《にびいろ》物語

マロ殿が全身全霊を傾けて取り組まれた封印解除の一部始終は、マロ殿自身が物語として書き残されました。

出会い

古今集から新古今集までの時代を支えた王朝文化には心惹かれるものがあります。とりわけ、王朝人が四季折々、着こなしていた直衣《のうし》や襲《かさね》の色彩は濃淡の妙、色合わせの贅を極め、その洗練された感覚には強い憧れを感じます。

源氏物語の基調トーンは「紫」色。光源氏の母君・桐壷更衣がまとっていた襲は、草木染めの専門家・吉岡幸雄さんいわく、紫色と緑色の合わせ、すなわち、母君が住まう後宮の中庭に植えられていた桐の花と葉にちなんだ色の組み合わせ、すなわち、若葉の緑に常緑の緑をかさね、その上に、紫色、薄紫色、さらに淡い紫色と、紫の濃淡をかさねたものだった、と。「いとやむごとなき際《きわ》にはあらぬが、すぐれて時めきたまふありけり」。上品な美しさが香り立つようです。

その桐壷の襲に身をつつんだ方と、過日、お会いしました。初対面です。お見かけするや、不思議な感覚にとらわれました。時空間をすり抜けてきた姫君さま……表情やしぐさがこの次元にそぐわないのです。天女さまの振る舞い、という印象でした。しばらくして、その不思議感は薄れたものの、話に打ち興じているとき、何気なく視線をあげてみれば、桐壺の襲にそっくりなエネルギーに包まれているではありませんか……驚いてしまいました。モス・グリーンにきらめきながら穏やかに輝くミント・グリーンの光、その光を包みこむように、貝紫、あるいは、大賀蓮の薄紫色がグラデーションをつくり、その外側には透明感と光沢のある薄絹が羽衣のようにかかっている……たゆたう光は、強くもあり、か弱くもあり、輝きもあれば、翳りもあり、喜びに輝いたかと思いきや憂いに沈む、荒々しさと癒しが同居している、といった様相です。すべてがとけこんだ、オリハルコン的な永遠の光彩を放つ葵・紫の淡鈍色《あわにびいろ》の世界。

思わず息を飲み、目を見張ったことでした。このような方にお目にかかれるとは……時がきたのだと、感動しました。その後、桐壺さまとのおしゃべりは、白鳳時代のこと、エジプト旅行のこと、「天がける」和歌のこと、と果てしなく拡がり、その間、桐壺さまに縁あるご存在たちが入れ替わり立ち替わり来られ、ともに時を過ごされ、祝福され、こちらもそのご相伴に預かり、お裾わけをいただき……「朋あり遠方より来る」のような懐かしさと悦びに満たされた、気がつけば四時間にもおよぶ「ひととき」でした。桐壺さま、すなわち、わが魂のツインフレーム。転生を繰り返しつつ、探し続けてきた永遠のお方。

暗闇の階段

小学校は低学年の頃のことだったと思います。引っ込み思案のわたしは何よりもひとり遊びが好きでした。飛行機と宇宙ロケットのプラモデルを総動員して救助隊ゴッコするのがお気に入りで、とりわけ、自宅の階段を地底世界から宇宙へつながる通路と見立て、そこで繰りひろげられる空中戦を戦い抜き、敵に奪われたお姫さまをとりかえし、宇宙ステーションへ連れて帰るというのが大好きなストーリーでした。定番のストーリーを繰り返し、飽きもせず、遊んだものです。

ファンタジーのヒーローになれる特別な空間だった階段は、ところが、夜になると、その様相が一変し、闇のうごめく怖い場所と化すのでした。階段は、のぼりきったところに明かり採りの小窓がついていて、街灯のあかりが射し込むようなつくりになっていました。風のある日は街路樹がゆらめき、階段の壁に投影されることがままあり、そのような日の夜半、階段に近づこうものなら、薄暗い空間から闇が飛び出し襲いかかってくるようで、怖かった。階段に誰もいないとわかってはいても、もし敵が隠れていたら、もしお姫さまをまた奪われたら、と思っただけで、怖くてたまらなかった。夜の階段には絶対に近づいてはならない……。

歳月を重ねるにつれ、あの恐怖感は自然と薄らいでいきました。いっぽうで、薄暗い階段には何かが潜んでいるにちがいないと、いつしか思うようにもなりました。暗闇にまつわる心の原風景として定着したようです。五月雨の夜。あの原風景の中にわたしがいた……夢か幻か、見たのは不思議な映像でした。

わたしは暗い階段の前にしばし佇み、ゆっくり下へ降り始めました。そこは見知った空間、何もない、誰もいない。足元を確かめながら、一段いちだん降りていきます。階段はさらに続きます。どこまでいくのだろう？　立ちどまり目を凝らします。すると、小さな男の子がひざをかかえ顔をうずめてうずくまっている姿が目に入りました。近づいてみる。

「誰？」

返事はありません。

「お名前は？」

返事はありません。身じろぎさえしない。

失った宝物
うずくまる少年からは悲しみの念がひしひしと伝わってきます。

「ここで遊んでいたのかい？　おじさんもちいさい頃、ここでよく遊んだよ。模型や人形をならべてね。お話をつくりながら」

反応はありません、ただ、私がとなりにすわったことに注意を向けたようです。

「おじさんの乗った飛行機は、敵が追いかけてきても、急旋回や急降下でかわしてね。敵の飛行機はそのまま壁に激突、おじさんは逃げきるんだ。それから、おじさんは谷底まで降りていって、盗まれた宝物ととらわれていた姫君を取りかえすっていう話でさ」耳を傾けています。

「ぼくは姫君を救うヒーローになるのが好きだったよ」

「ぼくはヒーローになれなかった……」

絞り出すような声で少年がつぶやきました。

「どういうこと?」

沈黙が少しく流れます。少年の息づかいはあらくなってきました。

「姫さまをとりかえせなかった。ぼく、大事な宝物をなくしちゃったんだ……」

肩が震えています。

「姫さまがきみの宝物だったんだ」

少年はうなずきました。

「何があったの?」

「ぼく、姫さまのことが大好きだった。姫さまはぼくの分身だったからなんだよ。嬉しいことがあったら姫さまはいつも喜んでくれたし、姫さまが泣き出したときは泣きやむまで抱きしめてあげたし。ぼくと姫さまはひとつだった」

少年は大きく息をつきました。

「ぼくがいつものように姫さまに物語りして、姫さまがうなずきながら聴いてくれていたときだった。大きな人たちが突然やってきてね。ずかずかと入りこんできて、ぼくは男たちに囲まれ、姫さまは連れ去られ……何がなんだかわからなかった。でも、姫さまが一瞬ふりむいたのだけは覚えてる。助けにきてくれるよねって。目に涙をうかべて」

少年の声は消え入るようでした。しばし沈黙が続きます。

「あのあと、姫さまをとりかえそうと、大きな人たちのいるところへ行ったの。でもね、ここはお前のようなものがくるところではない、いのちが惜しかったら、余計なことは考えないことだ、さあ、帰れかえれ、と追い出されてしまった。いのちなんか惜しくない、さあ返せ、といったら、足蹴にされ、この弱虫めがと笑われ……」

嗚咽の声が聞こえます。

「くやしかった……なさけなかった……自分にはらがたった……姫さまはぼくの助けを待ってくれているはずなんだ。なのに、ぼくには姫さまを助けることができない……助けを待つ姫さまが悲しみにくれていることをおもうと、心がこわれてしまうんだ……」

しばし、慟哭《どうこく》。

心の痛み
ごっこ遊びのシナリオの一部だったのでしょうか。あるいは、少年の遠い記憶の断片なのでしょうか。いずれにしても、少年の深い悲しみにはたじろがざるをえませんでした。

「つらかったよな……」

他に言葉がみつからず、少年の肩をただ抱きしめるばかりでした。悲しみに打ちひしがれ、ひとりで耐えている少年。気が済むまで泣いたらいい……そのいっぽうで、少年の一途な想いと健気さにほだされ、涙がとまりませんでした。

「きみの話を聴いていて、おじさんも大切なひとを失ったときのことを思い出したよ」

ひとしきり泣いた少年を抱きながら、予期せぬ別れが突然やってきたあの日へと想いはさかのぼります。終生の愛を誓い、絹織物を織りなすように紡いだ愛の絆をいとも簡単に踏みにじられ、引きちぎられた、あのときの光景が記憶の奥底からよみがえります。

「大好きだった、おじさんもそのひとのことが。でも、別れは突然やってきてね、ふたりは離ればなれになってしまったんだ。さっきまでここにいたのに、今はもういない……泣いても泣ききれなかったよ」

引き裂かれた痛みもこみあげてきました。

「気がつくと、心にポッカリ穴があいてしまっていたね。大切なひとを失った悲しい気持ち。自分を責める気持ち、大切なひとにごめんなさいと詫びたい気持ち。でも、どうにもならなくて、疲れたよ、もういいやと諦めてしまう気持ち。いろいろな気持ちがポッカリあいた穴をいったりきたりして、心はひりひり痛かった……」

少年は息をじっと凝らしています。

「あるとき、おじさんは気がついたんだ。大切なひとも同じだったのではないかなと。おじさんが悲しんでいるときは、大切なひとも悲しんでいる。おじさんが諦めてしまったら、大切なひとも諦めてしまっているにちがいない、とね。おじさんもおじさんの大切なひとも、おたがいの気持ちがよくわかっていたからさ。ならば、悲しんでばかりはいられないぞ、と」

少年はわずかながら顔をあげました。

「悲しいものは悲しいよ。でも、それだけじゃないんだ。悲しくたって、嬉しいと思うこと、楽しいと感じることはあるし、ああ、それはよかったといえるならそれでいい。そう思った。そして、大切なひとを想うおじさんの気持ちは変わらない、だから、大切なひとのことをずっと大事にしていこう、と心に決めたんだ。大切なひともおじさんと同じように考えてくれていると信じているよ」

顔をあげた少年は膝の上の両腕にあごをのせながら、もの思いにふけっている様子です。

「ごめん。おじさんのことばかりしゃべってしまったね。姫さまを想うきみの心が姫さまに届いているといいな」

少年の肩を軽くたたき、立ち上がりました。

「おじさん……ありがとう。また、会える？」

こちらを見上げた少年の瞳は澄みわたり、その奥には叡知の輝きを宿しているようでした。

「もちろんだとも」

そう言い残して、暗闇の階段をゆっくり昇っていきました。

邂逅《かいこう》

暗闇の階段から戻ると、なぜか、大切なひとのことが気になって仕方ありませんでした。心を鎮め、「あのとき」へ意識をあわせてみることにします。ぼんやりとした光景の中にその人らしい姿が見えてきます。正装に身をつつみ、供を従え、回廊をしずしずと歩いています。ふと立ち止まり、軒端の桃の花にしばし見入るも、激しい咳に襲われ、その場に倒れこんでしまいました。供の介抱を受けたのち、姿勢を整え、衣装を正し、再びしずしずと進んでいきました。

「ひめぎみ……」

場面が切り替わります。仏僧のひとり坐している姿が見えました。一段高いところには女性がひとり、白拍子の舞を舞っているのでしょうか、身をくゆらせ、言葉を発しています。明神様が

申すには修行の道はここにあり釈尊入滅天竺に響くは無常の鐘の音なり。ゆきたまふことなかれ

「わがひめぎみ……」

ふたたび場面が替わります。大きな寺の庭。大先達と童が遊んでいます。そこへ勅使が登場、大先達にうやうやしく頭をさげます。大先達は、童の頭をなで、ひとこと声をかけ、童が勅使とともに立ち去るのを見守りました。次の光景。あの童を前に、高貴な女性が和歌を詠み、和歌の心を説いています。たのめおきしひとをまつみの……。

「ああ、ここにも……」

突然始まった情報のダウンロードで、ひめぎみとの絆が見えました。すれちがってはいても、出会ってきていたという実感。「あのとき」限りではなかったという気づき。嬉しかった。

大切なひとのことをずっと大事に想い続けてきて、本当によかったと思いました。こうして、わがツインフレームとのコラボレーションが始まったのでした。

最後の封印

黒檀の大きな厨子《ずし》が見えます。観音開きの扉には朱色の房がついています。開けると、中には真っ黒な鎧兜《よろいかぶと》が、あたかもそこに武人が佇んでいるかのごとく、祀られていました。飾りはついていません……。

わたしの過去世を透視したときに見えたビジョンだそうです。心の闇を統合する作業に着手した直後、わがツインフレームから聞かされました。真っ黒な鎧兜にはとても重要な意味がこめられている……そのとき、直観はしたものの、それ以上のことはわかりませんでした。ツインフレームとの対話が深まったある日。

「切り離されたときに感じた絶望や寂しさとは異なる感情が残っているの。あなたは武人で、わたしはあなたのそばにいたみたい。なぜかはわからないけれど、突然、手打ちにされたような気がする。それも、ばさっとね。怒りや恨みは感じないわ……」

さすがに動揺しました。武人だった……？　思い出せない……平静を装い、おしゃべりを続けるも、気持ちはここにあらず、記憶の奥底へとすべりこんでいきました。過去生をひとつひとつ洗いなおし、ひとつずつ遡っていく……かなり古い時代の出来事のようです。しばらくしてから、遅めの昼食をとっているとき、閃きが走りました。あれだ！

翌朝、東の空が明るくなり始めた頃、精神統一に入りました。おぼろげながら、黒い厨子が見えてきました。朱色の房を手にとり、ゆっくりと扉を開きます。真っ黒な鎧兜が確かにそこにはありました。

しばらく目を凝らす……ぼんやりと浮かんできたのは、インドの王族を生きたときの一場面でした。ささいなことから一族がふたつに分かれ、王子のわたしが異母兄弟と反目する羽目に陥ったとき、正妃を人質に差し出すよう先方から要求されたのではないかと感じます。妥協して一族の宥和《ゆうわ》をとるか、拒否して対決するか。進退きわまった私には、最愛の妻を人身御供に出すことがどうしてもできなかった。目の前で辱めを受け慰めものにされるくらいなら、いっそわが手で……「ひめよ、許せ」。

あのときの感情がものすごい勢いで湧き上がり、怒涛のごとく押し寄せてきました。涙がとまらない。ああ、苦しい……。

手にかけた妻を弔ったとき、武人として二度と生まれ変わらないと自ら誓い、妻の遺品を、妻と過ごした思い出とともに鎧兜の中に収め、悲しみは黒色にこめて、黒檀の厨子の扉を、再び開くことのないよう念じながら、閉じたのです。その後、反目は対立から抗争へと発展し、わたしは一方の代表として、血を血で洗う一族の戦いへとわが身を投じていったことでした……。

目のあたりにした鎧兜はからっぽでしたが、遺品の首飾りだったでしょうか、かすかに光り、妻の残り香がそこはかとなく漂った感じがしました。時を同じくして、ツイン・フレームもそのビジョンを見ていたようです。

「あの鎧兜の中にいたのはわたしでした。薄絹の美しい被りものをかぶった、髪の長い、若き日のわたしでした。わたしは確かにあなたを愛していた。あなたはわたしへの想いを一言も口には出さなかったけれど、わたしはあなたをひたすら愛していたのです」。

この過去生の次、わたしはアンデスに神官として転生し、「いのち」を殺めたことに対する罪を、自らの命をもってつぐなったようです。もっとも、そのとき、一緒に転生していたツインフレームを、またしても護ることができなかった……。あれから時は過ぎ去り、永い歳月をえて、今生、再び出逢う機会にめぐまれた。今度こそ、こんどこそは、心からの詫び状を手渡し、許しを乞い、繰り返しを断じて、魂のムスビをかためることにする。そう心に決めたとき、噴き出した感情は不思議にも収束していきました。

「黒色にこめた悲しみを昇華することです。そなたとツインフレームにふさわしい鈍色《にびいろ》へ変えていくのです」

わが御祖神さまからのメッセージが心に響きました。

完結、そして

こうして、マロ殿は究極の封印を解除し、解消されたのでした。そして、魂の禊ぎが終わったとき、マロ殿は神あがりを決意されたのです。

「最後にひとつだけ、お願いがあります。わがツインフレームを産土さまとむすんでほしいのです。霊格が極めて高く、霊力にこの上なく優れた方でいらっしゃいます。産土さまが後ろ盾になってくだされば、ツインフレームは必ずや身削ぎをやり遂げられると思うのです。もし可能なら、わがツインフレームのご家族と産土さまとのむすびもして差し上げてください。とても大事なご一統ですので。よろしくお頼み申しました」

という次第で、後事を引き受けたわたしは、マロ殿のツインフレームのサポートに全力を尽くすこととなりました。

産土神に抱かれて

九月初めの週末、マロ殿のツインフレームの産土さまを訪ねるため、九州へ出向きました。大きな台風が日本列島へ接近している日で、西日本方面行きの飛行機が欠航、もしくは、「目的地の天候により引き返すこともある」の条件付運航となっていたにもかかわらず、搭乗機は予定どおり羽田を離陸、不思議なことに、二十分も早く到着したのでした。

空港からバスとJRを乗り継ぎました。あいにく、乗ったのが最寄り駅より二つ手前で折り返す電車だったため、その駅から先はタクシーに乗り換えて進むことになりました。となり町からの道のりは思いのほか遠く、雨脚が強くなる中、迷いに迷った末に、ようやく、里山のふもと、鳥居のある場所へたどりついたことでした。人影は皆無、運転手いわく、ここで待っておりますわ、と。

三十段ほどの石段をあがった先に社殿はありました。社号額の表示を見て、この神社で間違いないことを確認してから、拝殿前へ進み、ご挨拶。もの静かな反応がかえってきます。祓い清めさせていただく旨を伝える。

社殿脇にある社務所の軒をお借りして、降り続く雨をよけながら、超高次元の光を降ろし、境内を一気に浄化。本殿を天と地とむすんで、作業終了。所要時間は通常の半分でした。拝殿に戻り、祈りをこめる。

「よきかな。今度は連れて参られよ。待っておる」

「かしこまりました」

拝殿左側にある大きな岩からエネルギーが放射されているのが気になりましたが、制限時間いっぱい、再会を約して、帰路につくことにしました。石段の中央あたりでふりかえり、社殿全景を写真におさめ、写メ。駅へ向かう途中、返信が戻ってきました。「ああ、なつかしい」。

その日の夕方、マロ殿のツインフレームとは待ち合わせの場所で合流し、ひとしきり、産土さまの話をしたあとのこと。

「わたしの中からもうひとりのわたしが神上がりしていく。絶望と哀しみに満たされた感情が昇華していくの……」

マロ殿のツインフレームが語るに、それは産土さまに抱かれながら、過去生から持ち越してきた想いを解き放つ体験だったそうです。産土さまの神験、ですね。

その二ヶ月後。約束を果たすため、マロ殿のツインフレームとともに、産土さまをお参りしました。境内は穏やかな光に満たされ、温かい気に包まれています。拝殿前で、祝詞奏上。産土さま、ご出御。本殿御扉の正面右側に光の球体が見えます。神恩感謝を捧げ、大祓祝詞を奏上、ついで、神詞朗詠。球体の光が輝きを増しました。その球体に、マロ殿のツインフレームは、立派な角をもつ、虹色の大きな龍を見ていたようです。

拝殿の掃き清めをマロ殿のツインフレームがしている間、拝殿左側の大きな岩を祓い清め本殿と結び、その後、代々その村で暮らしてきたというお父様方ご先祖さまの昇霊を執り行いました。ご神域全体が軽くなりました。

作業完了を報告したとき、球体から光の帯が本殿向かって左側へ伸びて、その先に、もうひとつ別の球体を形作る様子が見えました。

「そうでしたか。太陽系外からおいでになり、あの岩へお鎮まりになり、この村と村人を守護してこられたのですね。村人に対するときはカムイさまの御姿をおとりになるのですか。その御姿、存じ上げております。お久しぶりでございます。お目にかかれて、光栄です」

その晩、産土さまと直会をしました。お声がけする前から待機されていたのがわかります。日本酒を差し上げ、しばしの歓談をお楽しみいただく。一時間ほどして、おひらき。元の御座《みくら》へお帰りになるかと思いきや、お帰りにならない……お任せいたしましょう。

召し上がられたお酒のご相伴にあずかる。アルコールをまったく飲まないマロ殿のツインフレームは、ひとなめして、「えっ、なにこれ……」。ついで、ひとくち口にふくみ、ごくり。「虹色の味なのよ。お酒でなくなっている」。産土さまの神験が、ここにも。

そしてその夜、虹色に輝く龍体の産土さまは、マロ殿のツインフレームを見守りながら、朝までそばにいらしたそうです。

あの日、対面を果たしてから、マロ殿のツインフレームは、産土さまを常に身近に感じ、産土さまの守護を実感しているようです。お父さまの魄体《はくたい》も見事、神上がりされたそうです。

ご一統の産土神

○ご息女・お姉さまの産土さま

現在お住まいの自宅マンションから眺望できる山にいらっしゃいました。興味深いことに、産土さまはふもとの神社にはお鎮まりになっておらず、山頂上空に光の神殿を構えておられました。

これまでの経験から、ある大社の主祭神が、本殿ではなく、本殿上空の神殿におられ、祭事のときに本殿へ降りられるというケースを見たことはありましたが、産土さまの世界では、寡聞にして知らず、です。かなり珍しい。

ふもとの神社へはご息女自身の運転で連れていっていただく。ご挨拶の後、社殿に超高次元の光を降ろして祓い清め、社殿を天と地とむすび、さらには、上空の神殿ともむすぶ。光の神殿がご自宅のお部屋から遥拝できるとの話をきき、産土さまは、ご息女が神社参拝したときにのみ、神社本殿に降りてこられるのだろうと感じました。

ちなみに、その山の地底にはある種のエネルギー磁場が設定されていたようで、「どんよりしているわねぇ……」と、同行していたマロ殿のツインフレームがつぶやいたことから、急遽、山全体を祓い清めることになりました。

超高次元の光を追加で地下まで降ろし、浄化します。ところが、よどんだエネルギーは後からあとから湧き出てくる有様です。仕方なく、エネルギー浄化装置を設置して、エネルギーの原子転換・昇華を開始します。すると、「今・ここ」的に不要となったエネルギーは天と地のあるべき次元界層へと還送され始め、山全体の透明度があがり始めました。一定期間、浄化を続ければ、清々しさをとりもどすに違いありません。神社・本殿の光、山の正中線を取り込む形で拡張し、地底まで伸ばして作業終了。

○ご息女・妹さまの産土さま

その山からさほど離れていない小高い場所の神社にいらっしゃいました。威風堂々たる本殿には産土さまがお鎮まりになり、お元気でした。
超高次元の光を降ろしたところ、境内全体にうっすらとかかっていた霧のようなもやもやはさっと晴れ、本殿からは力強い光が四方八方へほとばしりました。稜威《みいづ》燦然と輝き、体感温度は間違いなく上がり、拝殿前に立っただけで、額に汗するほどでした。さすが、王者の貫禄です。

○お孫さまの産土さま

四国の瀬戸内海沿いの町の神社にいらっしゃいました。その町は秋祭りの和太鼓が有名で、毎年、その境内で太鼓を奉納する慣わしになっているそうです。九州入りする前、立ち寄った日はあいにく奉納が終わった直後でしたが、どことなくその余韻が漂っている印象でした。ご挨拶の後、祓い清めのために超高次元の光を降ろす。間髪をおかず、雨雲が湧き上がり、今にもパラパラきそうな雲行きとなりました。境内は清々しいのに、なぜだろう?

周辺をスキャンしたところ、裏山あたりが重たいエネルギーの発生源とわかりました。人間のネガティブな想念と神上がりできない魄体と。金属の採掘と精錬が関係するのかな……と考えている間に、生々しいエネルギーは途切れることなく押し寄せてきます。

これはたまらない。とり急ぎ、本殿裏手の空間にエネルギー浄化装置を設置して、スイッチ・オンする。正常稼動を確認してから、裏山を浄化装置に接続しました。原子転換と昇華が小気味よく進みます。同時並行して、昇霊を執り行う。雨雲は次第に薄らぎ、雲間からは日差しが差し込んできました。本殿を天と地とむすんで、作業終了。そのとき、ふと、脳裏によみがえった記憶……。

ある地方の総社を祓い清めたときのこと。社殿・境内が浄まったにもかかわらず、「本殿を天地とむすんでくれるな」と。なぜですか？

「われらの産子《うぶこ》たちが、合戦につぐ合戦で生命を落とし、神あがりできぬまま、その土地に縛られ、歴史に埋もれてしまっておるのに、われらだけが元つ神の御光に浴するなどありえぬことぞ。人間のことは人間がやらなあかん。産子のことは、わしらが手を出したくとも、出せぬのじゃ。われらのこの気持ち、わかってくれるか」

かたじけなき御心に落涙するも、同行してくれていた古神道仲間と手分けして、その地域の昇霊をすることにしました。作業開始後、およそ一時間経過。相当数の魄体があがっていきました。精魂ともに尽きかけたとき、「大儀。これでよい、これでよい」。そして、残る力をふりしぼり、本殿を天と地とむすばせていただいたのでした……。あのとき、あの総社の神々が感じていた思いをこの神社の大神さまもお持ちになっていたに違いありません。

「もう大丈夫。きれいになりましたから」

拝殿前に戻り、大祓祝詞、ついで、神詞奏上。本殿からはやわらかな、温かい波動が伝わってきました。喜んでおられる。

その優雅なエネルギーは、霊格高く容姿端麗、しかも、立ち居振る舞いに華のある、マロ殿のツインフレームのお孫さまにこそ相応しいと思いました。

「マロ殿のツインフレームのお孫さまをこれからもお守りくださいますね？」

「もちろん。わが産子ゆえ」

この本殿にお鎮まりになる大神さまは、神宮から勧請《かんじょう》されただけあって、高貴なご存在でいらっしゃいます。ところが、元地《もとち》の外へ勧請されると、日本神界の掟として、その土地の産土神としての役割を担うことにもなるのだそうです。

日本を代表する神の一柱でありながら、お鎮まりになっておられる土地の産土神でもある……日本の神々の世界は、奥ゆかしい。

○お母さまの産土さま
九州南部、日向灘に面した町の、田園風景の広がる神社にいらっしゃいました。

秋のおだやかな陽光が降り注ぐ日、インターネットで検索した地図をたよりに、駅から所在地までタクシーをとばします。間近にきたところで車をとめてもらい、庭で洗濯物を干していたおばあさんに場所を訊く。「この道を少し先へいったところにある」。石の鳥居が見えました。

今回は迷わず、到着。

社殿は民家ふうの建物でした。内側は集会所のような板敷きの間になっていて、正面に祠が祀られています。その祠に意識を集中する。お鎮まりになっておられます。訪問の趣旨を告げ、作業許可をいただく。

社殿の裏側へまわり、いつものように、超高次元の光を降ろし、祓い清めます。穢れはありません。人間の想念エネルギーが少しだけたまっている感触です。一気に浄化しました。その後、社殿を天と地とむすび、作業終了。白銀の光が社殿から真っ青な空へまっすぐに伸びていく光景は美しかったです。社殿前で待機していたマロ殿のツインフレームは、七色に輝く光が天から降りてくるのを感得したようです。

改めて、ご挨拶。祠の中では、光の球体が強く輝き、そのまわりに大きな球体を作り出しました。ご存在が複数いらっしゃるのでしょう。内側の球体に意識をあわせる……縄文時代のカムイさまのエネルギーです。お名前こそ名乗られませんが、いわく、「この土地にずっといて、人々を守護してきた」と。これぞまさしく産土神でいらっしゃる。お母さまのことをこれからもお見守りくださるよう祈りました。駅へ戻る途中、マロ殿のツインフレームがつぶやきます。

「どなたかしら、話したがっているのだけれど……あの神社にいらっしゃる方ね。人を探しているみたいだわ」

駅についてから、待合室で審神《サニハ》にはいる。その結果、話しかけてきたご存在は、その昔、このあたりを含む広大な地域を開拓した方で、後世、その遺徳を顕彰され、神としてお祀りされたこと、埋葬されたのは西方の山の中にある場所で、当時、都がおかれていたところであることが判りました。探し人はその存在がお仕えしていた女性首長で、「ヒメミコさまのもとへ帰りたい」産土神とは別のご存在です。了解、宿所に着いたら、むすびますね。少しだけお待ちください。

その夜、ヒメミコさまの古墳にあたりをつけて、神社から光を流し込む形でつなげました。おもしろいことに、つながると、ムスビの光は光のチューブに変化したのです。

「ヒメミコさまのもとへ行くのだけれど、祭事のときにはやっぱり神社へ戻るんですって。おもしろいわね」

行き来のためにムスビの光を通路状へと変えた……なるほど、おもしろい。

○弟君の産土さま

九州南部、県庁からさほど遠くない、市内を流れる川のほとりに所在する神社にいらっしゃいました。雨模様の中、タクシーで出向く。その地域では人々に知られた神社なのでしょう、運転手に神社の名前を告げると、「ああ、あそこですね。かしこまりました」。

鳥居の前でタクシーを降りる。社叢《しゃそう》の森は大きく、立派です。参道を進む。空気は次第に重くなり、ホコリっぽさが加わって、思わず咳き込む。社殿入口の案内板によると、主祭神は日本神話・神代に登場する、この県庁所在地にはピッタリの大神さまです。ただ、合祀されている神々も大勢いらっしゃいます。一気に昇華してしまいましょう。

拝殿前で挨拶を済ませ、社殿入口の門の脇で雨を避けながら、作業に着手する。まずは、超高次元の光。次に、拝殿前にエネルギー浄化装置を設置し稼動させる。境内は次第に清々しい気に変わっていきました。地面からは温かい気が立ち昇り始めています。さらに、ご神域全体の浄化と昇霊・昇華を執り行い、本殿を天と地とむすぶ。金色の光が天に向かって上がっていきました。雨がやみ、空が明るくなる。作業終了。

マロ殿のツインフレームを伴い、拝殿へ戻りました。社号額の金文字も、本殿御扉の金具も、ピカピカに輝いています。神々さまは皆、元の御姿に戻られました。

トホカミヱミタメ。遠つ御祖神、笑みたまへ。産土の大神、守り給へ、幸《さきわ》い給へ。

永年、日本國に奉職され、今また、國難対処に立ち向かわれている弟君を守護し給へと祈りをこめました。雨は霧雨となり、わたしたちの祈りを大地へしみ込ませ伝えるかのように、降り始めたことでした。

國体護持の重み

「マロと生きた過去生のカルマは昇華しているはずなのに、深い哀しみが湧き上がってくるの。マロの与り知《あずかりし》らない、わたしの過去生に由来する哀しみのようだわ。その感情には痛みが伴っていて、胸が苦しくなる。胸を突かれて亡くなったのではないかしらね。詳しいことはわからないけれど、この哀しみが私の最大のカルマなのだと思う」

マロ殿のツインフレームのつぶやきから、日本の戦国時代の歴史をひもとくことになりました。

ヒントは明智光秀公。本能寺の変を起こし、三日天下に終わった武将という理解しかありませんでしたが、光秀公には、胸を突かせて最期を遂げたご息女がいらっしゃったのです。と同時に、光秀公は単なる謀反人ではなかったと知りました。信長は、天下布武を終えた後、朝廷から推任された右大臣も左大臣も辞退（拒否）し、幕府を立てる意思を示すこともなく、それどころか、正親町《おおぎまち》天皇に譲位（退位）をくりかえし勧告（強要）していた……。初めて知る事実に少なからず衝撃を覚えました。そして、毛利元就も武田信玄も上杉謙信も亡き後、信長のニヒリズムをとめることのできる武将が一人も残っていない当時の状況で、皇統の正当性を護るためには、信長の重臣であった光秀公が自ら立ち上がり、主君を誅する以外、道がなかったのではないか、きっとそうにちがいない、と直観しました。思いをめぐらすにつけ、それは義挙だったという確信にいたったのです。

シナ大陸の易姓革命的覇道（専制君主独裁政治）を是とせず、万世一系こそが日本の國体と奉じていた光秀公は、正親町天皇と信長の対立を目の当りにしたとき、皇統が南朝・北朝に分かれ、政道が混乱し、國体が危機に瀕した時代のことを思わずにはいられなかったでしょう。

「スメラギをお守りするのが『もののふ（武士）』の本義、それを忘れて覇道に向かうとは何事ぞ」

光秀公の眼中には天下を盗ることなどなかったと思います、皇統は分裂させてはならない、國体は守り抜かなくてはならない。その思いだけだったに違いありません。天皇の輔弼《ほひつ》は、盟友であり、親族の縁組みをとりかわした幽斎・忠興親子が受けて立ってくれるにちがいない……。

結局、日和見を決めた幽斎・忠興は動かず、孤立無援となった光秀公は、わずかに残った股肱《ここう》の臣に助けられ、山崎から落ちてゆき、名を変えて身を隠すことになったのでした。逆臣の汚名を一身に受けて。

そして、その一部始終を知り、敗者の屈辱に耐えて散ったのが光秀公のご息女だったのです。

自宅で瞑想していたときのことです。

「お願いがあるのですが……」

神でも仏でもありません。どなただろう？　問答したところ、光秀公のご息女であると判りました。

「特定個人の御霊とは意思疎通しないことにしているのですが……」

「父のことを深く理解してくれて、嬉しく思います」

「いえいえ、こちらこそ、長い間、光秀公の御心を知ろうともせず、大変失礼いたしました」

「父の赤誠は天に通じたようで、父は神上がりを果たしました。今、故郷で、産土さまとともに、一族郎党を見守ってくださっています。父に会うには、私自身、御霊あがりしていなくてはならないのですが、顕界に残してきた思いに引きずられ、ままなりません」

「魄体の神上がりをご所望なさっているのですね？」

「お願いします」

わが御祖神にお伺いしてみる。任せる、と。

「わかりました、お引き受けいたしましょう。ところで、場所はどこがよろしいですか？」

「私が輿入れし、父が最後に本陣を張った、あの城の周辺……」

その城について調べてみると、城と同じ名前の寺が近接しています。本尊は十一面観音。ビンゴ、ここだ。ご息女との約束を果たすべく、その場所へ出向きました。城跡から歩いて五分、その寺は住宅街の中にありました。こぢんまりしたお堂です。説明板には「ぼけ封じ」観音と書かれています。観音霊場にありがちな、どんよりとしたエネルギーは感じられません。お堂正面右側にはお社がありました。この地域の鎮守さまのようです。

本堂前で挨拶し、来訪の目的と神事の内容を伝え、協力を要請する。ついで、鎮守さまにも同様に伝え、後押しをお願いする。作業開始。鎮守さまの境内を借りて、本堂と境内をまず祓い清める。寺全体の透明度があがりました。

次に、城址と地域全体。急に重くなる。戦いの場所だったのだから、仕方ないか。昇霊を執り行う。案の上、雨雲が張り出し、雨がポツポツ降り出しました。さらに、本堂とお社との中間にたつ樹にエネルギー浄化装置を設置して、「今・ここ」的に不要となったエネルギーを昇華。最後に、本堂を天と地とむすび、超高次元のご存在の御光を十一面さんに降ろし、鎮守さまを本堂とむすびました。環境設定終了。本堂に戻り、今度は神事に着手。ご息女の魄体を抱きかかえてくださるよう、十一面さんにはお願いし、ご息女の来臨を促す。気配はあるのに、降りてこられない。

「大丈夫ですよ、心配はいりません」

警蹕《けいひつ》をかけ続ける。ようやく、ご降臨。癒しの光で魄《たましい》を包み込み、真言を唱えながら、カルマ・トラウマのエネルギーを取り除いていく。しばらく続けると、十文字の光が発光しました。OKサインです。除去したエネルギーを消去。軽くなりました。これで魂魄帰一、神上がりできるでしょう。仕上げに、光秀公のいらっしゃる墓所へ光の通路を拓く。そこは白山神社の神域内で、その神社には光秀公の産土さまがお鎮まりになっておられます。

「つながりました。あとはお任せいたしますね」

警蹕をかけながら、しばらく様子を見守る。十一面さんの両腕からゆっくりと離れ、光の通路をしずしずと進むご息女のエネルギー体が見えました。通路の向こうの端に大きなエネルギー体が現れるや、ご息女は吸いよせられるようにその中へと消えていきました。

その瞬間、境内全体が金色の光に満たされたのでした。振り向けば、雲間から太陽が。それは後醍醐天皇が楠正成公に下賜あそばされた菊水紋の図柄そのものでした。天が言祝《ことほ》ぎくださったにちがいありません。

その夜、宿所に戻り、ささやかながら直会をしました。日本酒を一献傾けながら、ご息女、十一面さん、超高次元のご存在としばし語らい、ご息女の神上がりを皆で祝福しました。

光秀公とご息女をつうじて、改めて、國体護持が尊くも身を賭して果たすべき重責であることを思い知らされました。そして、その重責にはやりきれぬ思いが伴い、ときには敗者という立場に甘んじて耐えていかなくてはならないということも。上御一人《かみごいちにん》をいただき、神國日之本を祈り、やるべきことをやり、多くを語らない。光秀公親子が身をもって示してくださった日本人の矜持、しかと心に刻み込みました。

翌日、マロ殿のツインフレームから連絡が入り、「おかげさまで、あのカルマは決着がついた気がする」と。これでマロ殿のツインフレームは身削ぎを終えられるに違いありません。その後しばらくして、マロ殿からメッセージが届きました。

「見事なご神事でした。あらためてお礼申し上げます。古神道家としての誠実さ、日本人としての矜持に深い感銘を覚えました。中今仙人が一部始終、ご覧になっておられ、幽窓無暦日《ゆうそうれきじつなし》、その志やよし、とのことでした。そのうち仙人から連絡がいくと思います。生命原理を体得され、生も死も超えて生きていらっしゃるお方です。しかも、國体のみならず、國益から國防にいたるまで、この國をあらゆる面で支えておられます。仙人を師匠と仰ぎ、師事なさったらよいと思います」

「それから、もうひとつ。中今仙人の配下に『踊るハイパー・エージェンツＤＨＡ８１』と呼ばれるチームがいます。アップビートで歌い踊りながら時空間をすり抜け、低次元エネルギーを検知しては光のボルテックスに巻き取り消去してまわる、不思議な能力を持ったティーン・エイジャーの集まりで、リーダーは『ヒカリコ』、神のごとく輝く女の子です。古神道には関係ないと思われるかもしれませんが、実は、彼女こそ新しい時代の國防、すなわち國体護持のあり方を知る若者なのです。是非会ってください」

そして、マロ殿のこのメッセージから新たな物語が始まったのでした。

（つづく）

秦明日香の巻

はじめに

中今仙人から、「本を書くように」というお話を頂いたとき、私にはあまりにも想定外の出来事だったのですが、「えっ！　……はい！」と、気がつくと二つ返事……。とても驚き、戸惑いましたが、中今仙人と神々からの提案、ミッションに関しては、常々から迷いなく二つ返事でOK牧場！　と決めておりますので、この時もそのように致しましたが、正直戸惑いを隠せませんでした。

今回、何を書こうかと思い悩みましたが、仙人からのお言葉「君の思うまま、感じるままをありのまま自由に表現して面白いものに仕上げてみなさい」というアドバイスに従い、そのようになるよう願いを込めて！

ここでは、この十年間の中今仙人からの教えと、私が交流を持つ神、マスターからのメッセージをお伝えしていきたいと思います。この本との出会いが、黄金時代の夜明けを共に見守る皆様にとって最善のものとなりますように。感謝と愛をこめて。

熾《し》大天使長ルシファーとの出会い

黄金時代の夜明けというテーマを頂き、私がお伝えできることはなんだろう。かなり悩みましたが、今回このテーマを共有するに当たり、私にお伝えできることを素直に、ありのままで表現することにしました。「アセンション黄金人類の夜明け・ビギナー編」という感じで、数人のマスターからのメッセージを交えながら、テーマに沿い、質疑応答と解説をしていきたいと思います。

執筆にあたり、ある存在にメッセージを頂きました。

御前が自身の思考を志向として表現する際、決して御前という創造主を否定するものにならぬよう……。

御前が、そして皆が至高の存在であることをこの場を借りて表現してみよ。

皆の思考が志向となり、至高の存在であることに気づき、全ての者が慈光の存在となること……。黄金時代の夜明けを祝って……。

大和民族の魂（遺伝子）が今まさに変容しつつある夜明け前、肉体あっての人間の魂をいかに導く……。これが神々の願いの一つでもあり、議論を重ねてきたことでもあった。

では話そう。我は、この時が来ることを知り、この時のために宇宙意志の命として、はるか昔、我自ら地へと下り、闇の帝王として時が来るのを待っておった。そう。我々は知っている。今まさに、陰陽統合の時だと。

熾大天使長ルシファーとの対話はこのくだりからから始まりました。青紫に光り輝く、あまりに眩しく高潔な光に包まれたその姿、大きな翼は六枚と聞いていましたが、その倍はあり、大きく広げた翼の二枚には七色のチャクラカラーの玉が縦に並んで輝いています。残りの翼は二枚で身を包み､他の翼はまるで千手観音のように大宇宙をゆっくりと煽《あお》いでいました。ただただ、圧巻する存在感。そして、その声が身体中に響きました。

この身に寄りし、御子よ。

汝、今こそ立ち上がり、その御霊より立ち上る魂の源へと心募らせよ。

よくぞ戻ってきてくれ……。

この存在のことは、無論知っていました。むしろ知らない人はいないでしょう。ただ、それまでは地獄の長としての認識でしかありませんでした。仙人の啓示を受けて、実際にこの存在とお会いするまでの私の認識は覆されました。サタン ≠ルシファーだと……。

明けの明星を示す名を持ち、もともとミカエルをもしのぐ最も神に近く美しき光の熾大天使長であったルシファーは、進歩と知的探求の神であり、全宇宙の相互牽引の偉大なる神でもあったのです。そして彼は、陰陽統合の時を待っていた。

私は、二〇一一年秋にルシファーとのコンタクトが始まりましたが、実際は五、六年前、もっと言えば三十年ほど前にも彼に会っていて、話は魔界の人々に聞いていていました。

それは、私の特異体質ともいえる善悪、光と闇、陰と陽の境界線がない中で起きたことともいえるし、善悪を隔て人類の霊的成長を抑えようとする勢力のコントロールから私が幸いにも漏れていたからかもしれません。

小学校低学年の時のある夜、金縛りにあいました。寝苦しさと異様な空気、ざわざわと何千何百の人々がどよめく声で目が覚めると、視界一杯に魔界の存在たちが私の顔を覗き込み話をしていました。耳を澄ますと「ここにいた。こちらに引き入れるか？　いやこのままでいい」などと口々にざわざわと耳打ちするように話し合っているのです。

私は、意外にも冷静で、今まで見たこともない醜くおぞましい顔たちを見つめ、少し哀れにも思っていました。どれだけそのどよめきを見つめていたかわかりませんが、その中の一人が手を伸ばしてきました。すると次々に慌てて他の者たちも手を伸ばし、私に襲いかかってくるように見えたので、驚き、とっさにグッと目を閉じた瞬間、暗闇がぶわっと濃い紫に光ったように感じました。そして「去れ」というような強烈なエネルギーと共に、大きな翼に抱きかかえられたように感じ目を開けると、いつもの子供部屋に戻っていました。

その時は天使が助けてくれた……と思いましたが、今思うと、あれは熾大天使長ルシファーのエネルギーだったのです。

そして月日が流れ、その間も霊界冥界とこの世をうろうろするような日々を送っておりましたが、それだけではなく、魔界の存在としか言えない者たちが時々現れることがありました。五、六年前の出来事は、熾大天使長ルシファーと直接ではなく、魔界の存在が魔界に身を置く熾大天使長ルシファーと自身の思いを訴えてきて、話を聞いてあげたことがありました。

見かけは、やせ細った犬と人間を混ぜ合わせたような、口はやや突き出て牙が不揃いに生え、よだれが垂れ、瞳は暗闇のように黒々として恐ろしく光り、肌はただれていて、ところどころ身が腐敗しているように骨が浮き出ていて、コウモリのような羽があるというとんでもなく恐ろしい形をしているのですが、統合されたいと涙ながらに訴えてくるのです。そして、神の怒りを買い地に落ちたとされるルシファーの認識は、ある組織の根拠のない作り話で、彼は自らの意志でこの地に来たということや、その他にも色々な話をしていきました。面白かったのは、自分のこの姿も好きでこうなったわけではなく、人間の想念が我々自身をある次元に作り上げたのだと……。

その時もかなり驚きましたが、その恐ろしい姿とは裏腹に、背中を丸めて涙を流しながら切々と語る姿に胸打たれたのを覚えています。

そんなわけで、幼いときから光と闇の間にこの身を置く者として、どちらとも友好関係にありましたが、人間としての生活の中、時にバランスを失うとんでもない状態に入ることもしばしばありまして、親不孝もいっぱいしてきました。この世は陰陽和合の学びの世界でございます。そしていまだに学びの中でございます（苦笑）。

どちらに偏りすぎてもバランスを失うということを皆様が体験する中で学んでいくのですが、

人間関係も経済も全てがエネルギーバランスなのです。

肉体を持っているということで、重力の世界に身を置き、感情があり生活があり、お金があり、なければいいなと思うものもたくさんありますが、人間だからでしょう。いいえ、人間の醍醐味ですね……。

体験を通してしか深い学びと真理にたどり着けないのなら堂々と！　これこそ、神にも悪魔にも経験できない素晴らしい持ち味であるということも忘れず。

ではどのように生きればいいか？　今回、黄金時代の夜明けというお題を頂いておりますので、アセンションをテーマに、わがマスターからのメッセージを交えたお話に移りましょう。ä

マーリンからのメッセージ

マーリンがそばにいてくれていることは、仙人に言われ知っていましたが、実際は半信半疑と言いますか、そんなすごいマスターがついていてくれているなんて思うのも恐縮で、人に言ったこともありませんでした。それから数年が過ぎ、マーリンと初めて出会ったのは、葉山のヒプノセラピスト岩本義明さんによるヒプノセラピーセッションを受けた時のことでした。

マーリンのことなどすっかり忘れて生活をしている私でしたので、その時は魂からのメッセージを与えて頂けると聞き、わくわくと深い催眠状態に入っていきました。すると、身体の中にとても大きなエネルギーが入ったように感じ、深呼吸すると同時に銀色に輝く空間に立っている、というより、そこに浮かんでおりました。目の前に男性が立っているのが見えますが、男性の背後からあまりにも眩しい光がさしていて、とても直視できない状態です。なんとか目を凝らしてみるのですが、背後からの光で男性もよくは見えませんが、まるでハリーポッターに出てくる校長のダンブルドアのような姿にも感じました。銀色のローブを身にまとっているのですが、眩しく威厳あるその男性は手に杖のようなものを持っていて、それを大きく力強く振り上げ言いました。

「恐れることなかれ！　この力授けしものよ！」

それからしばらく質疑応答しましたが、脱線しますので省き、今回のアセンションについての質問にお答えいただこうと思います。

この出逢いの後、仙人よりマーリンと共に過ごす機会を与えられ現在に至っております。実際のマーリンは、ヒプノセラピーで見た時よりも、軽快でユーモアがあり、あらゆる次元の神々と友好的で、同時にあらゆる次元に精通していて、自由自在で、そして非常に親近感があり、今、私が最も助けられている存在です。

魂のアセンションを目指して……マーリンより

あなた方は今、地球の大変革の手前にいる。そしてそれはもうある意味始まっているのだ。あなた方地球人の中には、そのエネルギーを感じて魂の呼ぶ声に導かれ、アセンションという一大イベントへと惹かれている人も多くなってきていて、さまざまな情報が流れているようだけど、どうだろうね……なかなか容易にいかず、焦りを感じている人も少なくないみたいだ。

その焦りがどこからきているか……簡単だ。それは皆がアセンションという到底どんなことが起こるのか知りもしない、現人類が実際に体験したこともない、実感のないことを目標にしているからだよ。

ここでは、この地球、そして地球霊王の意志はもとより、宇宙創造神はこのアセンションについていかにお考えであるか、まずはアセンションするには君たち人類が何を目標とすればよいのかを伝えるとしよう。

ここでショッキングなことを言うと……肉体を持ってのアセンションはあると思うかい？ないね。あるはずない。このままの姿で、アセンションしたいかい？　答えは、NOでしょ。肉体があるように見せる事はできるかな……。

でも、そんなこと、アセンション後に必要じゃないだろう？「じゃ、死ぬの？　怖い！」なんて聞くなよ（笑）。愚問だ。今そう思った人は、もっと手放すべきものがあるぞ。

そもそも太古の昔、人類が生まれ、この地球はある時から退化の一途をたどり始め、複雑なエネルギーを生み続けた。地球に興味をもつあらゆる星の良い存在や、地球のアセンションを応援する存在、逆にアセンションを阻止したい存在たち、その他諸々が君たち人間と入り混じり、純粋な人間、霊止《ひと》はもうほぼいないと言っても過言ではない環境の地球を見た時、君が神ならどうするだろう……。そんな中、自分の魂に宇宙の記憶があると自覚する人もいるが、ほとんど皆が「自分は人間です」と思っているだろう？　でも君も、実はどこかの星のエージェントだったりして！　ってことは大いにありうることなんだよ。

それがいいとか悪いとか言っているわけじゃないんだ。でも神は、初めに純粋な人間を作り、こうなってしまった今、動植物は残しても、そうまでして人間を残しアセンションさせるかどうか……ってところなんだ。

どうか悲しまないで聞いてほしい。皆アセンションできないと言っているんじゃない。

じゃあ、言おう。このアセンションのため、皆が必要な努力って何だと思う？　努力というのもおかしいんだけれど……すべての物事に取りかかるのに大事なことは、動機だ。

あなた方が、アセンションをしたいと願い行動するその動機は何だい？　宇宙のため？　地球のため？　神の望みだからかい？　何でもいい。その動機を言ってみなさい。

どうだい？　答えられたかな？　いろんな答えが聞こえたよ。けれどここで正解を答えた人は、ほんの一握り。少数だったね。アセンションするための努力とは……答えは、アセンションするための努力をしないことだ。驚いたかい？　でも、神の正解はここにある。

アセンションを意識して生きるのもいい。しかし、向き合うのはどこまでも自分であり、神に作られし肉体を持ち、生きる中にある喜びという喜びを今世で知り尽くすことこそが大事なのさ。それを大切にしてほしい……。

それは本当の自分、真我に繋がるということ。真我とは神我だ。最も良い状態の自分と繋がるのは難しくないだろうけれど、ここでは世に言うネガティブな感情というものも然り。恐れや不安、過去のトラウマ、悲しみも苦しみも、妬みに嫉《そね》み、怒りや憎しみも含め、自分を否定せず堂々と感じ尽くし、肉体あってのことだと歓喜するくらいの皆であってほしい。そのような感情を持つことは悪いことではないんだよ。その感情から逃げ出し、否定し、誤魔化し、見ないようにすることがあなた方の魂の進化、覚醒の邪魔になると知っていてほしい。ネガティブな感情は否定すればその重量を増し、魂を重いものにするが、それを味わい尽くし自身の中にそれがあるとただ認識、理解すれば毒ではなくなり、そんな自分に開き直ったように明るくなれたりするものなんだ。

アセンションするために必要なこと、そして神が正解とすることはまず何よりも、自分の魂を軽くすることであり、神事や祈祷だけではないんだ。神事は、本来その後についてくるものであるが、中には神々のカルマを軽くするべく神事の中で、自身も追体験を通し神と共に昇華していくこともある。

これは特殊な例ではあるが、神々が人格整った素晴らしい存在だと思っているようならばそれは違う。宇宙神ならばなおさら！　神々も仏も、ある意味人間と変わらないんだよ。まだ、仏は修行をするから人間世界では人格者。でも、神々は自由自在！　だから感情の起伏も激しいよ。

要は、神々にもカルマはあるし、性格にも問題ありだったりするんだ。だから、その神々と御縁ある人が、このアセンションの流れを良くするために、神々本来のお働きをできるようにと神々のカルマを解く、という形で関わっているんだ。神々も、長年の恨みや怒り、悲しみから解放されたら、本来の働きに一層磨きがかかるということなんだよ。

なんだか不思議な話に感じるかもしれないけれど、親近感がわいただろう？　中今仙人の言うとおり、「神々も仏も人間も、進化対象なり！」そういうことなんだ。人間が魂を軽くするというのは、あるがまま素直に自分を表現し、それを自身が許し、肉体持っての悦を知る、ということだと伝えたい。魂ではなく、ここでは心と表現しよう。心を軽くすると肉体の周波数が上がっていくんだ。肉体を持っていながらでも高次元へと意識を上げていくには人生を真剣に楽しむ。そして愛を感じて、生きることなんだ。繋がる相手は「自分自身」という宇宙だよ。アセンションなんて、忘れるくらいにね！　ウインク☆

さあ。じゃあ、どのように自分自身と向き合うか？　ってことになるけど、ここからは明日香本人にバトンタッチするとしよう。

彼女が考案したアセンションスクールとでも言おうか（笑）、チャネリングスクールと称して皆のわかりやすい形にしてあるが、このスクールは僕の監修の元にある。うっかり受講しちゃった皆さんには、とことん自分と向き合い、自分という宇宙を知り尽くしてもらう。そして魂を軽くしていき、君の本来の姿、エネルギー体だね、八次元くらいまでの君自身の姿を見てもらうことで、君が今のままでもどんなに素晴らしくて、美しくて、尊い存在であるかを知ってほしいと思っている。そして魂の覚醒ボタンを自分の意志と力で押すべく術を伝授している。

このスクール、チャネリング・リーディングがうたい文句になっているが、本当はそんなこと後回し。でもね、周波数を自在にコントロールできるようになれば、意識自体が当然変わるわけさ。集合無意識までアクセス可能になれば、当然ながらチャネリングやリーディング能力だって、開花するのは当たり前なのさ。来る人々によって、やり方が変わることも多いから明日香は内心戸惑っていることもあるが、今では慣れて自分も参加しながら皆と共に更なる覚醒への道へ進んでいること、僕は知ってるよ。では明日香、君から披露しなさい。

覚醒への道アセンションへの準備☆

うぅ……ばれてたか～（笑）。実は、私もこのスクール開催毎に受講生としてそこにいる、と言っても過言ではないのです（笑）。気前がよくて、ユーモアたっぷりのマーリンにこう言われては、私もここでいくつかの実践を踏まえ、アセンション体質になる術を皆さんにお伝えしなくてはなりません（笑）。とはいえ、そんな大したことでもないんです。

私がこだわったこと。これはマーリンの教えでもありますが、このスクールを構築するにあたり、口酸っぱく言われたのが、

「もっと簡単に！　もっともっとシンプルに伝えるんだ！　そんなんじゃ、いつでもどこでもできないだろう！」

でした。私は、え（汗）これ以上シンプルにしたら何もすごくない～！　と思いましたが、どうも真理に近づけば近づくほど物事はシンプルになるのだなと、皆さんや私に起こってくる現象を見ながらやっとわかってきました。

まず、呼吸。これは誰でも分け隔てなく簡単にできる！　というか、さすがに呼吸をしないとそれこそアセンション！（笑）。いろんな呼吸法がありますね……簡単なものから、複雑で私みたいなタイプでは覚えるのに時間かかりすぎ、でもって続かない～！　てものまで（笑）。シンプルな呼吸でいいの！　ただゆっくりと鼻から吸って口から細く吐く。

ここからあなたのすべてが始まります。癖になるまでやってほしい。なぜかっていうと、グラウンディングするのに呼吸が非常に重要なキーワードになることは、皆さんもご存知かと思いますが、やはりグランディングしていることが何をするにもまず大切な第一条件だからです。

特に吐く息を大事にしてくださいね。皆さんは何気なく意識せず呼吸していることと思いますが、疲れている時、ひどいストレス状態にある時は呼吸が浅くなっていることに気がついていますか？　マッサージをしているとよくわかるのですが、呼吸がきちんと深くできている人ってなかなかいないものです。でも、ご安心を☆意識さえすれば、深い呼吸は誰にでもできます。毎日意識しなくてもやっている、やめられないことを少し意識すればいいだけ。それだけです。

呼吸法の実践

①まず意識するのは、仙骨の先端と言いましょうか、そのあたりに意識を向けて細い息を吐きながら、地球のコアへエネルギーを伸ばしていってください。光の柱でも、船の碇のようなイメージでも、縄でも何でもいいのです。皆さんが最もイメージしやすいもので構いません。それが一呼吸ごとにどんどん伸びて、地球のコアへとしっかりドーンッ！　と繋がっていくイメージをしながら、リラックスして呼吸を続けてください。この段階ではまず吐く息の練習です。これを二、三分間。他に何も考えず、ただ淡々と続けてください。

② 次に吸う息を意識します。今度は宇宙の中心。それはセントラルサンでも、太陽でもあなたが宇宙の中心とイメージしやすいものなら何でも構わないのでとにかく、地球の中心と自分と宇宙がしっかりと一直線に繋がり、何に揺らされても全く微動だにしない状態を保ちます。大切なのは、地球につながるエネルギーの方を太く！ というイメージで、繋がることです。ここまでは自分でOKの出るタイミングで問題ありません。そして、リラックスした姿勢をとりましょう。胡坐《あぐら》もよし、椅子に腰かけるもよしです。次は少しずつ意識をしていきましょう。穏やかな気持ちになってきたら、今度は息を吸う時に、宇宙と地球の素晴らしいエネルギーを身体に思いきり取り込むイメージや、眩い光が一呼吸ごとに入ってくるイメージでもいいので、そのエネルギーで身体を満たしていって下さい。

③ そして、息を細く吐く時に、身体にある不要な淀んだエネルギーを、繋がっている柱を通して地球の中心へと流していきます。頭の先から光のラインが降りてくるようなイメージや、キラキラ輝く美しい湧き水が上から下に向かって流れてくるような、はたまた実際に病院のCTスキャンに入るようにエネルギーをスキャンしながら流していって下さい。そのように意識し始めると必ず、身体のどこかに違和感を感じてきます。なんとなく滞りを感じたり、痛みを感じる箇所があったり、中には視覚化して幼少期のことや、前世のこと、あるいは今世において経験した悲しみや苦しみの感情を思い出すという形で現れることがあります。その時も、しばらくはただ

淡々と呼吸を続けて、繋がっている地球の中心へと流してください。すると、ある程度は流れていってしまいます。そして最後まで流れていかないエネルギーに気がつきます。この時、無理に流そうと力まないで下さいね。これがあなたにとって大切なものです。最後まで残ったものは何でしょう。痛みですか？　感情ですか？　それとも前世？　インナーチャイルド？　おそらく一つではないと思います。肉体を持って生まれた私たちにトラウマのない人間はいません。感情というのは重力があるから存在するといってもいいのです。だから皆同じ。あっても、恐れないでくださいね。ここからは、これらをどのように流し、昇華していくか。それを実践していきます。

ネガティブなエネルギーとの向き合い方

ネガティブなエネルギーがあっても決して否定しないでくださいね。いいんだよ！　そんなもん、あるわい！　だからなんだよってなもんです。誰かを恨んだり妬んだり、怒っていたりすると、よく許しなさい、受け入れなさい、そうすれば楽になります、なんてことを言われるこのスピリチュアルな世界。そんなこと言う方が多いから、皆いつまでたっても覚醒できないんだよぉ～、とマーリンは言います。いいじゃないの！　どのみち幸せになるためだけにしか、人生は動いてないんだからさ！　それが宇宙の摂理なんだ！　そうです。でも、自己否定だけはやめた方がいいとも言います。それは宇宙の摂理ではないのだそうです。

神々も「大罪は自己否定」と仰いました。私に至ってはその道のプロフェッショナル！　でしたが、それをやめようと決心がついたのは、自己否定に陥ると決まって魔界の門が開くからでした（汗）。

私が自分を否定し、消えてしまいたくなるような気持ちで力なく横たわっていると、必ずそれは起こりました。

吐き気を伴う激しい頭痛に襲われ、意識がもうろうとしている中、目の前に赤絨緞が敷かれて、そこからテンションの高い魔界の者たちが喜び勇んで私の方へやってくる。レッドカーペットかい！　と突っ込みつつも、とんでもない苦しみが身も心も蝕んでゆくあの感覚。幾度も中今仙人に助けていただきました。本来、魔界系もそんなに怖くない私ですが、「自己否定」に陥ると、彼らにとって赤子同然、取り込まれそうになるのです。たまったものじゃないなと、やっと気がつき、開き直りの境地への旅が始まりました。

皆さんも、怒ってもいい、恨んでもいい。でも、自己否定に陥りそうなときは、「だからなんだよ！　悪いか！　ふんっ！」と、自分に言ってあげてください（笑）。いやいや、違うか。ではこれらの昇華方法を実践していきましょう。

では、呼吸を続ける中で出てきたネガティブなエネルギーを昇華するべく術の披露に入りましょう。なんて言うとすごそうですが、簡単です☆どうぞリラックスして呼吸を続けてくださいね。

あらゆる感情の解放実践

ここでは、最後まで流れなかったネガティブなエネルギーを感じ尽くすということをやってみます。

さあ、呼吸をする中で、あなたの中に最後まで残ったものは何だったでしょうか？　何度でも言います。決して否定しないで下さいね。ある意味、長い間大切にしてきたエネルギーの一つなのです。まずここで大切なことは身体の中で感じないことです。さあ、自分の一メートルほど前にこのエネルギーを出してみましょう。

上手に出せたでしょうか？　なかなか出てこないと感じた人は、少し命令口調で、「私の中に残っているこのエネルギーを全て目の前に出しなさい」と言ってみてください。出てくるはずです。

出てきたエネルギーを、今度はよく観察してください。どうでしょう。あなたの中で育ってきたネガティブなエネルギーの素となる経験が何かはもう気がついているはずです。わからない場合には、「わかるよう私に見せてください」と自分に話しかけてみてください。この時も、呼吸は深く、宇宙と地球と自分がしっかりと繋がっていることを意識していてくださいね。この感情を外に出して客観的にみることで、何が見えても今のあなたを苦しめることはありませんから、安心して下さい。

呼吸を意識し続けながら、このエネルギーに触れてみてください。大きさは？　感触は？　色は？　匂いはある？

一メートルくらいのエネルギーだと言う方が多い中、ちょっとしたコロニーサイズの怒りを持った方もいました。それもよし！　よほど怒っていたのでしょうね。感触はべとべとした感じだったり、イガイガした感じだったり、冷たかったり、熱かったり。色は、赤黒かったり、鉛のような色だったり、人それぞれありますので、慌てないでください。

隅々まで観賞したら、今度はグッと持って離さないで！　せっかくここまで育てたのだからというくらいに、手放すものか！　としっかり掴んで！

「こんなに悲しかったんだ！　こんなに怒っているんだ！　こんなに寂しかったんだ！　こんなに憎んでいるんだ！　私の奥でこんなに育ったものを簡単に手放すものか～！　もっと怒るし、もっと悲しむし、もっと泣き叫んでやれ～！」くらいの気持ちで、実際に両手で触れるように感じながら、掴んでいてください。

するとどうでしょう……不思議なくらいに消えていくのです。どんなに手放すまいと頑張っても、消えていくのです。

不思議ですね。でも、私の中にあると認識し、認める。これを言われてもピンとこなかったり、わかっちゃいるけど……とできない自分を責めてしまうことになるのですが、この手法だとそれがなぜだか簡単にできてしまうのです。

今世に影響を及ぼしている過去世の対処法

そして次に、視覚として映像が見えた時の対処法をお伝えします。

この時見えるものには、過去世や、今世でのトラウマ、幼少期の自分が多く、そのほとんどが、悲しみや寂しさ、痛みや苦しみの場面を見ることが多いと思います。何度も何度も言いますが、決して恐れないでください。

まずは、今世に持ち越すほどインパクトのあった過去世をもう一度見てみましょう。では、ゆっくりリラックスして呼吸を続けながら、「今世に最も影響を与えている過去世を見せてください」と自分に言ってみてください。声に出しても出さなくてもかまいません。

何が見えてきたでしょうか？　スクール生の皆さんに多いのが、魔法使いや魔女の過去世、エジプトの神官であったり、僧侶や修道女、戦士の過去世が多いようでした。中には、地球ではない違う星の過去世を見る方もいますし、アトランティスやムーの記憶。今回の震災で津波の恐怖を目の当たりにし、記憶がよみがえった方も多くいました。とても幸せだった時の過去世を見る方もいましたが、とっても悲しい過去世が出てくる場合が多いですね。なぜならば、やはりインパクトのある事柄があった過去世の記憶を持ちこしていることが多いからなのです。

どのような影響を与えているかというと、ある生徒の場合、今世でそれほど辛い体験をしていないにも関わらず、人間関係を築いていくのにとても不安を感じやすかったり、いつか裏切られるような気持ちになるというのでした。その生徒が過去世を見た時、神官姿の自分が見えてきました。陰謀と裏切りの中、国のために神の啓示の真実を口にした彼女は、残酷な拷問を受け、悲しみと苦しみの中、絶望しながら亡くなっていく姿が見えました。それも簡単に死ねず、数日間その痛みと感情を味わい尽くしながら。

というように、見るんじゃなかったと一瞬思うような強烈な過去世を見る方は少なくありません。インパクトある過去世を今世に持ち込むのですから、当然そのような過去世が見えてくることと思います。涙が溢れることもありますが、今の自分ではないということを意識しながら、ゆっくりと呼吸し続けてくださいね。

楽しい過去世はそのまま置いていてもよいと私は思っていますので、スルーします。これに関しては、私の場合、ネイティブアメリカンの前世でしたが、今世もあの時のように、母なる大地、父なる大空と共に自然の中で精一杯この命を輝かせていけたらなと感じたからです。

辛く悲しい過去世には必要ないものもあります。なので、このスクールではその過去世をやめちゃう！　というのを実践しています。

かなり影響を与えるこの過去世の記憶は、私たちを俳優に例えるとわかりやすいと思います。今見えた過去世を、たくさんの賞をもらった俳優のあなたの代表作だと思ってみてください。そうです、今世影響を受け手放せないでいるようですが、過去のことなのです。それも今回の人生体験ではないのですよ。あなたは、台本を持ち込んでしまったようです。無念だったのでしょう。あまりにも強烈だったのかもしれません。

「でも、これらをもう一度学びなおすために生まれたの」と思う方がいらっしゃるかもしれませんが、今世にも学びは十分にありますから、そこまで取りかかっていると、時間が足りなくなってしまうかもしれません。過去世もうまく付き合っていきたいなと思いますので、不要な台本（過去世）の掃除をしましょう。

さて、方法は簡単です。呼吸を続けしっかり地球と宇宙につながった状態で、その過去世を台本に変え、目の前に出します。そして、頭上にホワイトホールをイメージしてください。それから、目の前に出した台本をよく見てください。使い込んだ台本ですか？　何回もの転世に持ち込み続けていたかもしれませんね。すごく分厚い？　それともまだ新しい？　さあ、ここで、「私は、この過去世を辞めます。台本は素粒子になりホワイトホールへ！」

と強く宣言しイメージして下さい。そして、イメージした輝くホワイトホールへ向かってふぅっと息を吹きかけます。これで完了。

どうでしょう？　魂が軽くなっているのを感じるはずです。この世界は魔法の世界。イマジネーションとエネルギーバランスだとマーリンは言います。

インナーチャイルドとの向き合い方

最後に、幼少期の自分を見た方。どんな様子だったでしょうか？　楽しそうでしたか？　泣いていましたか？　怒っていましたか？　何かショックなことがあった当時のことが映像として見えてきましたか？　スクール中は、回を重ねる毎に、インナーチャイルドが見えた次は、バーストラウマという出産時のトラウマを見る方も多くいました。実は私は、このインナーチャイルドとバーストラウマというものに、重要性を感じていますので、ここで少し説明をしたいと思います。

バーストラウマとは

出生時（正確には胎児期から生後三ヶ月程度）における心の傷のことです。主に以下の理由により発生すると言われています。

①現代医学に基づいた出産法をとること。
②生まれてすぐに、赤ん坊が新生児室に連れて行かれ、一定期間、そこで過ごすこと。
③生後から3カ月間、母親があまり抱いてやらないこと。
④赤ん坊がおなかにいる時、母親が強い肉体的・精神的苦痛を受けていること。
⑤陣痛促進剤などをもちいていること。
⑥帝王切開・吸引分娩などで生まれていること。
⑦陣痛や出産が始まることにより、へその緒からの酸素と血液が途絶え、赤ん坊が酸欠状態になり、死の恐怖を覚えること。
⑧難産などで、赤ん坊が蘇生処置を受けていること。
⑨笑気ガスやモルヒネを出産時に用いていること。
⑩母親の心音を聞かせてやらない形で赤ん坊を抱き続けること。
⑪母乳をあまり飲ませなかったこと

これらの条件に加え、本人がどのような捉え方をしたかが重要な要素になってきます。つまり、本人が生まれることに肯定的だったのか、否定的だったのかによっても異なるということです。それらの総和でバーストラウマの量や質が決まってきます。

上記の条件から推測できるように、バーストラウマを持たない人はいないと言われています。バーストラウマを持たない出生方法の研究も進んでいるようですが、今のところ「ゼロ」の状態で生まれることは不可能なようです。

バーストラウマの弊害は、これらの経験により、死の恐怖や疎外感を体験し、「自分は生まれてきてはいけなかったのではないか?」、「生きていてはいけないのではないか?」などの、自分の存在を否定する情報を潜在意識領域の奥底に持つようになることです。その結果、本人が予期しない人間関係、健康、お金などの現実的な問題や、精神的な問題となって影響が出てきます。

インナーチャイルドとは

乳児期から成人までの期間において、傷ついた出来事や満たされなかった欲求が主な原因になっています。同じような経験であっても、バーストラウマの大きさや性格気質によってインナーチャイルドになる度合いが異なります。形成要因の代表的な体験は以下のようなものです。

① 家庭内暴力を受けたこと。
② いじめを受けたこと。
③ 求める形で親からの愛情を得られなかったこと。

④兄弟姉妹の存在により、親の愛情が減ったと感じたこと。
⑤親などの状況により、家庭が安心していられる場所ではなかったこと。
⑥自分のペースより早く成長を求められたこと。
⑦納得のいかない形での親との別離。
⑧恒常的に否定されたこと。
⑨「ダメ」という言葉を頻繁に使われたこと。
⑩学力＝存在価値と刷り込まれたこと。
⑪存在価値を否定されるような教育を受けたこと。

バーストラウマ以上に主観的要素が強く、量的にも質的にも非常に個人差があります。それは、例えば同じようないじめを受けていたとしても、個人個人によってインナーチャイルドの大きさが異なることを意味します。結果的に、どのような体験をしたかということ以上に、体験をどのように捕らえたかということが重要です。しかし、バーストラウマがその捕らえ方に大きな影響を与える要素であり、インナーチャイルドを大きくする原因でもあります。

自分の人生が思うようにいかないと感じている場合、バーストラウマと共にインナーチャイルドの影響を大きく受けているかもしれません。インナーチャイルドは、潜在意識領域の比較的深い部分に存在し、日常的に影響を与えています。主な影響は、感情の波や情緒不安定を生み出し、聞き分けの悪い子どものような思考パターンやふるまいをさせます。しかも、本人が気づかないうちにさせてしまうため、意識的な改善が難しいようです。また意識的な改善を行おうとした場合、我慢することしか方法論がないため、場合によっては逆に精神的な負担が大きくなってしまうという特徴もあります。

このような特徴から、社会性や人間関係の構築に問題が出たり、自己の内面における大きな葛藤を生み出したりもします。また成長過程において形成されるため、自分の人格の一部として捉えてしまうことが一般的なようです。

この中でお話ししてきたことは、自己との対峙をテーマにしておりますが、深い部分で皆さんにお伝えしたいこと。

それは、この実践の中にも出ますが、呼吸をする際に天地を意識することがどういうことであるかというと、我々人間こそが天地を結ぶ役割を担っているということ。

皆さん一人一人が結びの役割なのです。黄金時代の幕開けは人々の覚醒によって、天地が開き、瞬時にアセンションへと移行する、ということでもあるのです。この魂の歓喜を皆で体験しましょう！　ではまた逢う日まで！　弥栄《いやさか》！

慈恩将人の巻

封印された歴史を紐解く記紀の鍵

記紀と呼ばれる日本書紀、古事記のプレゼンスは戦後になって、急速に衰えてきています。一方で暦の概念がしっかりしている中国の歴史書では、独自の暦による記述ながらも西暦対応が比較的容易にできているようです。これは対外的な事件の記述が、西洋世界の歴史記述と一致するからでしょう。

日本の場合、干支で年をあらわしております。それを外交関係があった中国の史書と照らし合わせて、中国の暦上の年を推定し、更に西暦に変換しているわけです。いうまでもないですが、記紀の年度の記述は西暦ではありません（笑）。干支になります。

干支には二種類あります。十支と十二支です。名前の通り、前者は十で一回り、後者は十二で一回りします。後者は何年生まれの干支としても有名ですね。歴史上で使われる干支はこの十二で一回りする干支と十で一回りする干支との組み合わせで表現されるものです。では、十×十二で一二〇年で一回りするのかと申しますと六十年で一回りになります。十支のうちの五つと十二支を組み合わせて六十年で一回りする干支です。これを使って、年度をあらわしております。ですから、六十年ごとに同じ干支の年がでてきます。

ではどうして皇紀元年が紀元前六六〇年とされたかと申しますと、推古天皇の時代の年号から西暦を推定し、そこから天皇の在位期間の総和から年号をさかのぼって計算したからです。当然、皇紀元年は前述の干支で表現されておりますので、ちょっと間違うと六十年ずれます。ですからその点も加味して歴史上の年号、西暦表示を考察しなければならないわけです。年号のお話はちょっと重要なので、丁寧に説明させていただきました。なぜならば、ここを丁寧に解いていかないと歴史の真実には到達できないからです。記紀の矛盾点はこのようなところにも表れているわけです。

さて、表題の記紀の鍵ですが、もう一冊ここに追加することで、記紀の矛盾点や暗号（あえて暗号と申します）を解く鍵が手に入るわけです。まるでダヴィンチコードです（笑）。

その一冊と云われているのが、先代旧事本紀といわれている書物です。残念なことに、学会では偽書として扱われており、まともな研究はされておりません。この書物もいわくつきなので、記紀に輪をかけるような扱いでもあります。それゆえ、暗号としては「怪しい」わけです。この怪しいという意味は、「実はこれが真実への道のりの鍵では」という意味です。

江戸時代に先代旧事本紀大成経というものが発表されて、回収騒ぎになった事件がありました。これを世に出したのが、伊勢神宮と揉めていた伊雑宮という小さな神社でした。なにゆえもめていたかというと「本当の伊勢神宮はこちらである」と伊雑宮が主張したゆえに、伊勢神宮と議論になった模様です。その伊雑宮が先代旧事本紀と関わりがある書物を世に出したものですから、より一層大きなうねりとなり、世の騒動となったわけです。幕府も出版禁止、回収という沙汰をせざるをえない状態にまでなりました。何ゆえ、ここまでことが大きくなったのでしょうか？　実はこの先代旧事本紀大成経とは聖徳太子に所縁のものだったからです。更に申しますと、先代旧事本紀とは物部氏の文献なのです。

簡単に説明しますと日本史上では、飛鳥時代に蘇我氏との神仏論争で負け、奈良時代に藤原不比等の謀略で平城京遷都時に元の都に置き去りにされた、歴史上の敗者ともいえる物部氏の文献だったわけです。つまり、体制側である大和朝廷、藤原氏からするとあまり表にだしたくない代物なのです。ここでも二本立てがでてきます。古代豪族同士の二本立てです。記紀と先代旧事本紀の二本立ては、国家認定の正史と一豪族の伝承です。この二本立てが記紀を解く鍵になります。

更にいえば、記紀も日本の国家創世期における有力氏族の歴史二本立てでもあります。古代史とペトログラフ古代史は謎です。特に日本は。なぜならば、建国神話はあっても、建国の歴史はない。いや正確に云えば、あるけれどない。ないと言い張っている。それは主に学者連中です。既得権益の保持に固執するのはよくわかりますが、真実の隠蔽《いんぺい》はどうかと思う（まあ、マスコミも官憲も同様ですが〈汗〉）。

更にこの傾向に拍車をかけているのが、さる高貴なる一族の沈黙でしょう。敢えてこう表現するのには訳があります。なぜならば、わたくしはそれを批判していないからです。わけあって封印しているということを理解した上で、前記の文章をもう一度読んでいただきたい。

色々調べれば調べるほど、沈黙のわけがわかってくるのです。竹内文書なんかを認めてしまえば……世界がひっくり返ります。だからいえない、認められないのです。その竹内文書にしても、竹内巨麿《きよまろ》が著した竹内文書と正統竹内文書の二系統があります。前者は偽書として葬られていますが……その裏には日本の国体護持を使命とするある組織が関わっていたことがわかっています。巨麿が公開にあたり、事前にその組織に相談していたことがわかっています。明らかに偽書とわかる記述もここに秘密がありそうです。洗脳や情報操作があるのです。本物に偽モノを一パーセント入れるだけで、すべてを偽モノとして葬れるのです。ならば……明らかにウソである現代地名を入れた古代地図などは、意図的に情報操作したと読み取る必要もあるでしょう。

一方の正統竹内文書についても抜けている部分があるんですよ。具体的にいうならば、ウガヤフキアエズ朝といわれる神武以前の王朝史がごっそり抜けているんです。天皇家の元はシュメールから日本に帰還したヤマト族と出雲族、それに大国主のユダヤ族であるとしていますが、そのシュメールやイスラエルから日本に帰還するまでの歴史が抜け落ちているのです。これについては、筆者は正統竹内文書継承者に質問したことがあるんですよ。回答は帰ってきませんでした。帰ってこなかったからこそ真実があるのではないかと推測しております。質問内容は次の通りです。

「正統竹内文書で抜け落ちた大陸での移動の歴史は、天皇家にその証左が残っているのでは？

つまり竹内文書を完成させる鍵は天皇家の書庫にあるのでは？」といった内容です。まあ、答えられる類の質問ではなかったけれども……。世の中、沈黙が証左というケースも多々あるので、この場合は推測ではあるが、それが答えではないかと考えております。どうやらその推測は当たっているのではないかと感じました。さるお方から聞いた衝撃の情報がそれを裏打ちするような話だったからです。まあ、秘密のお話でもありますから、言えませんけどね。しかしながら、たとえ一般の方々にいったところで分からないと思いますよ。それなりに知識がある方でないと。知識があるといっても学者では理解できないでしょうね。彼らの頭の中は利権だけですから（笑）。利権を侵食する情報については、すべて拒絶するように仕掛けられて、というか調教されて（笑）おりますから。

前記の事象と同様に古代文字やペトログラフについても、沈黙が証左のようなケースがあるのではないかとも思っております。報道発表などはまったくなされておりませんが。カタカムナ文字というものがあります。あれ？　日本は漢字以前には文字がなかったんじゃありませんでしたっけ？　というのがいわゆる常識的な感想。確かに教科書的にはそうなんですけれどね。教科書がすべて正しいわけでもないですし、すべてを記載しているわけではありませんからね。その昔、プロレス中継で「教科書どおりのジャーマンスープレックス！」とありましたけども、教科書にはジャーマンスープレックスのかけ方は載っておりません。そんなの掲載している保健体育の教科書はないわけですよ。すいません、また話がそれましたね（笑）。

つまりね、古代にも日本には文字があったわけですよ。漢字以前には文字がなかったという「常識」ゆえに、古代文字を使って記述した歴史書が偽書扱いされていたりします。それはどうなのかなと思いますけどね。なぜならば、前提条件が間違っているわけですからね。存在するものを否定するには、それを否定するだけの証拠が必要なわけです。誰かの落書きであれば、それを誰が書いたのか、どうやって書いたのかを証明する必要があるわけですよ。どうもそういう論理的な根拠付けが弱いんですよね。学者って馬鹿？（笑）友人の学者がそういってますので、真実かもしれませんけれど。その古代文字であるカタカムナ文字で書かれた内容ですごく衝撃的なものがあるのですよ。アメノミナカヌシという名称があります。これは古事記の冒頭で出てくる三柱の神様のうちのひとつです。天之御中主神と書きます。他には、高御産巣日神、神産巣日神の二柱の神様です。アメノミナカヌシというのはプラズマという意味合いだそうです。それだけでもうプラズマ宇宙論になってしまうわけですよ。Electrical Universe、電気宇宙論ともいわれますね。

他の二柱の神様にも産巣日《むすび》という名前がありますよね。一説にはこれは、原子の結合という意味合いだそうです。つまり核融合です。エネルギーが発生しちゃいますね。

日本の神話の冒頭からして、創造のお話です。人妻夢中論ならぬプラズマ宇宙論と核融合です。

思い切り科学してますね。でも歴史書の初頭部分です。神話です。その後、イザナギ、イザナミの二柱の神様が生まれるまで七夜続きます。まるで旧約聖書の天地創造です。イザナギ、イザナミはアダムとイブに対応するんでしょうか？　また古事記と旧約聖書ではどちらが古いんでしょうか？　両者には元となる文献や口頭伝承、つまり情報があったのでしょうか？　謎は深まります。もし元となる情報があったとしたら、それは本当に超古代文明ということになると思います。わたし思うのですが、なんでそんな面白い分野を研究しないんでしょうね。これまた、情報隠蔽のにおいがぷんぷんするわけです。現代のシュリーマンはいないのだろうか？　と常々考えてます。どうも出したらいけない情報のようです。

二〇一一年、天皇陵の立ち入り調査が許可されました。応神天皇陵の中に歴史学者が四、五人入って一時間ほど回っただけですが、今までの経緯を考えれば実に進歩的な話です。多分、面白いものがでてくるでしょうね。日ユ同祖論について考えてみると、さきほど、イザナギ、イザナミまでのお話が旧約聖書の天地創造と同じなんて書きましたけど、なにゆえ同様なことを記載しているのかというひとつの答えが日ユ同祖論なんですね。

これには三つの説があります。一、古代イスラエルの失われた十支族が日本に来ている。二、失われた十支族だけではなく、ユダヤの二支族も来ている。つまり、古代イスラエルの十二支族すべてが日本に来ている。三、シュメールから派生した古代イスラエル人が日本に来ている。シュメールの元は日本の超古代文明であるので、出戻ってきた。いうなれば超古代日本文明帰還説とでもいったらよいだろうか？　正統竹内文書の記述はこれに当たります。具体的にいいますと次のようになります。超古代文明の日本が南北、それぞれ陸路、海路で西に向かった。そしてシュメール（今のイラク）で合流した。そのシュメールからの分派がパレスチナでイスラエルとなった。それらのうち、シュメール合流組みは、元来たルートを戻り、南回り海路組が日向族、北周り陸路組が出雲族となったわけです。以上の三つの説があります。色々な事象を検証していくと三つめの説が正しいようです。

さるお方はこれを日ユ皇祖論と呼んでおられます。具体的にはイザナギが日本の神様でイザナミがユダヤの神様ということです。陰陽であらわせば、男が東で女が西なわけです。西日本がイザナミ、東日本がイザナギとなるとフォッサマグナを境に東西日本で地質が違うのも、あれ？　なるほどと思えるから不思議です。歴史の話からいきなり地質学のお話に飛びましたが、もはや歴史は文献調べてうんぬんというレベルはとっくの昔に超えておりますからね。歴史学の進歩はいまや考古学に依存しております。

そういう意味でも、東日本の縄文遺跡と呼ばれるものの方が前述の応神天皇陵調査よりも面白いでしょうけれどね。なにやら過去に色々なものがでてきたのですが、また埋め戻されたようです。ありえないものがでてくるとどこからか圧力がかかり、発掘が中止になってしまうそうですね。
それらについてちょっとだけ知っていることを言いますね。謎の金属やら紋章が入ったものがみつかるそうです。謎の金属はともかく、その紋章が入った遺物が発見されるとこれまたえらいことになるでしょうね。謎の金属はオーパーツ扱いされて、これまた謎として封印されてしまうでしょうけれど、ある紋章などはもろ直球ですからね、すべてが分かってしまいますからね、決して菊のご紋などとは申しませんけれど（爆）。更にヘキサグラムなんていったらもう大騒ぎでしょうね。元伊勢、裏伊勢とも呼ばれる若狭湾にあるさる神社が、裏紋を公開した時の騒ぎではないでしょうね。

その裏紋はヘキサグラムの真ん中に月と日がかいてありました。月と日は天皇家の紋章のひとつ。ヘキサグラムはイスラエルの国旗にもありますね。日はアマテラスですが、月はなに？　三貴子（みはしらのうずのみこ）の一柱である月読命でしょうか。スサノオの別名とも言われてりますね。

そこから先は神秘論な世界ですが、月と日と地球がひとつである役割を担っているともいえますね。地球霊王といわれるサナト・クマラの別名が国常立命《くにとこたちのみこと》、その別名として豊受大神がります。伊勢神宮の外宮の神様です。外宮は他にも月読命も祀ってますね。お伊勢さんの元宮は上記の若狭湾にあるさる神社です。祭神はニギハヤヒノ命です。

つまり豊受大神はそのままニギハヤヒノ命であり、たどると地球霊王になるわけです。地球の神様ですね。そうなると古代から更に遡れるわけです。紀元前の文化というかそういう以前のものになります。少なくとも一万年以上、グラハム・ハンコック氏の神々の指紋のエジプト文明のような話になってしまいます。でもそれを裏付ける証拠が既に発見されている古代遺跡にあるとしたらどうなります？　これまた日本だけではなく、世界がひっくりかえることになります。ハリウッド映画の宣伝文句「全米が泣いた」がかわいく見えてしまいますね。こちらは「世界がひっくりかえった」ですから（笑）。

以上のように色々な意味合いが出てきますね。竹内文書だけではなく、東日本の古代文明については、ホヅマ伝や九鬼《くかみ》文書にもでてきます。東日本と西日本は別物だというのは別の形でも証明されております。天皇様の即位の儀式である大嘗祭にそれは表されております。大嘗祭をおこなうには、儀式用の建物を建てます。その際に2つの殿を立てます。悠紀殿《ゆきでん》と主基殿《すきでん》といいます。それぞれ伊勢の外宮、内宮と同じ様式で建てられたものです。これらで同じ儀式を行いますが、それぞれ東日本と西日本を象徴したものなのです。日本ゆえに二本立てなわけです。そして神話ではイザナギ（日本）とイザナミ（ユダヤ）の二本立てをあらわし、渡来の物部氏（イスラエル十支族）と秦氏（ユダヤ二支族）の二本立てもあらわしております。

そもそも日本で「にっぽん」や「にほん」と読ませるのもおかしいですよね。訓読みならば、訓読みで統一しなければなりません。そうなると「にちもと」となり、音読みならば「ひほん」です。にほんにはなりませんね。なぜでしょう？　この二本立て説が一番しっくりくるんですね。

対外的にはジャパンですよね。これもイスラエル十支族のひとつガド族の部族長の息子の名前からとったという説があります。ジポンという発音に近いようです。ここから天皇家ガド族説がでてきました。ミカドというのも、ガドに御をつけてミガドとしたとか、ガド族出身を意味するミガドとしたという二つの説があります。確かに古代ではミカドでなく、ミガドと発音していたようです。これもわたしはある仮説を立てているんですね。「うちうちでは『にほん』にしましょう。体外的には『ジポン』にしましょう」ということです。

三井住友銀行が英語表記では〝Sumitomo Mitsui Bank〟になっているのといっしょではないかと思った次第です。なんとなくクリスタルではなく直感です。クリステルだと滝川です（笑）。

○日本という国号について考えてみる

前述のガド族説についても仮説を立ててます。ちょうど日本という国名にしたのは、天武天皇の時代です。天武天皇は、皇子の時代は「大海人皇子」と名乗っておりました。ここで海人《あま》に注目してみます。古代天皇家の九代或いは十四代までは物部氏の時代だったのではないかという説があります。わたくしもこれは、的を射ている話かなと思います。実際、物部系の神社でかつ日本最古の神社である前述の若狭湾にある神社の伝承では「十五代応神天皇は大陸から来て、天皇家に婿入りした」と云われております。その神社は海部氏が代々、宮司をついでおります。国宝指定の家系図もあります。伝承によると邪馬台国の卑弥呼や台与もこの一族だとか。つまり古代邪馬台国王家に婿入りして、王権を継承したのが応神天皇ということです。

そこから考えると天武天皇の皇子時代の名前、大海人《おおあま》が海部氏とつながるわけです。結論から言いますと海部氏＝イスラエル十支族ガド族。それゆえその血脈をもつ天武天皇＝大海人皇子は、ガド族のもつ名称ジポンを対外的な名称にしたと。むしろ、深読みすると、このジポンの流れを持つ一族が、徐福とともに渡来した一族なのかもしれませんね。いきなり飛びましたが、物部氏といわれる一族は徐福とともに紀元前に渡来しております。海部氏は物部氏の中の物部氏であり、格が違うと前述の海部氏の宮司の言葉です。イスラエル十支族だとすれば、王権を持つ一族であるガド族であるゆえの発言かと思われます。ところでなんで徐福が出てくるのと思われた方もいるかもしれません。

これは、飛鳥昭雄氏が発表された説です。その情報源は日本の國躰を守るある秘密結社で、直接聞いたとのことです。また、ペトログラフ研究の第一人者である吉田先生も著作の中で海部氏＝古代天皇家という説を平成初期に展開しておられますね。ちょうど家系図が公開されるかされないかという時期です。吉田先生の着眼点の鋭さに感銘を受けました。またまた、話が戻りまして、ここであれ？　と思った方がおられるかもしれませんね。イザナミは女神でしょ。なぜ、女神の方のユダヤが婿入り？　と。これはいまだに謎がとけておりません（笑）。実は鏡面反転で男女入れ替えの加波羅《カバラ》なのかもしれません。天皇がユダヤ系に代わり、皇后が日本系になった。それゆえ、皇后が女帝として即位した際に持統天皇というおくり名になったのかもしれません。日本の系統を保持した天皇ということで。そして藤原不比等の娘が女帝として光明天皇となりましたね。聖武天皇のお后でもあります。母親は犬養県三千代、別名で橘三千代です。橘氏は源平藤橘のうちのひとつです。他の三つの氏に比べて、目立った活躍はしておりません。それゆえにわたくしは怪しいと思うわけです。「裏にこもったな」と。本体が裏にこもって、支族が表で動く。藤原氏と同様かなと、或いは物部氏とも（この謎はのちほど述べます）。この場合は橘三千代を通じて、女帝を輩出します。それも光明という名前の。光明とは英語でいえば、イルミナティです。さあ、この方はなにものでしょうか？

ちょっと話が長くなりましたが本題に戻りますね。或いはこの謎は、十四代仲哀天皇＝イザナギ（日本）、神宮皇后＝イザナミ（ユダヤ）の流れの象徴かもしれません。九代天皇までは皇后はすべて物部系の一族から出ておりますから、そちらをあらわしたものかもしれません。

一方で十五代応神天皇は武内宿禰と神宮皇后の子供という説もあります。竹内文書の流れからすると武内宿禰＝日向族、神宮皇后＝ユダヤともとらえられます。実際、神宮皇后は足長帯姫《おきながたらしひめ》というお名前であり、足長《おきなが》氏の出です。この一族は天日矛、別名ツヌガアルヒトという新羅の王子の末裔という説があります。

新羅の元は秦氏であり、文化的にはローマ圏だったりします。つまり、当時のローマ帝国（ユダヤ王国）の流れから来ている部族であり、ユダヤの二支族である可能性が高いわけです（秦氏＝ユダヤ二支族説とも合致します）。では出雲族はいずこへ？　となると十四代仲哀天皇までの天皇家の流れがそうだったのではと思えるわけです。スサノオを出雲族としていることからその可能性は非常に高いと思います。ただ、そうとは言い切れない部分もあり、神話ではスサノオを出雲族ということにしておいて、ある種の封印をしているのではないかという可能性もすてきれないわけです。スサノオをたどると、シュメールの都市スサの王という意味にもとれ、それが人物名ではなく、役職名ともとれるからです。アマテラスも同様に役職の可能性も高いわけです。なぜそう思うかというとスサノオをたどると国常立命から地球霊王サナト・クマラにつながっていくからです。前述の縄文遺跡の封印とスサノオ＝国常立命の封印がなぜか同じように思えてならないからです。

ちなみに日本書紀にも原初三神として三柱の神々が登場いたします。古事記での天之御中主神に対応するのがこの国常立命なのですね。これが地球霊王＝地球の神様とすると古事記の天之御中主神は宇宙の神様であり、プラズマであるわけですね。となると地球霊王は肉体を持たないプラズマ生命体ということにもなりますね。そうなると地球が天体生命体であるというガイア理論もなるほどと思えるわけです。歴史の話を書いているつもりでしたが、万物創生の科学宇宙論にまで発展してしまいましたね。

古代の歴史が封印されていることが、一種の情報操作、隠蔽であると思っております。なぜならば、それが分かるとすべてが、つまり宇宙の根源からも判ってしまうからです。となると日本の正体も本当の役割も。これが二〇一二年以降のお話、アセンションともすごく関わりがあることだとも思っております。「歴史を紐解くことはすべてを紐解くことである」。上の如く下も然り、宇宙の如く地球も然り、過去の如く未来も然り。

○聖徳太子の国仕掛け

二〇〇八年で終わりの世界。果たしてその真相は。秦氏でその真相かもしれませんね（笑）。秦氏を調べていくと色々とでてきますね。たたら製鉄やら芸能の民など。近年は財閥もそうですね。さる有名ミュージシャンが秦氏の流れだという噂を聞きました。たまたまその一族の若者と知り合いまして、ご家族、ご親戚の方のことを伺ったら、ほとんど芸能、芸術系のお仕事だそうです。その流れがさかのぼれるのが聖徳太子の時代までなんですね。そこから先はちょっと謎なのです。

でもその謎もだいぶ公にできるようにはなってきたかと思います。聖徳太子の著作で未然記と未来紀のふたつがあるといわれております。実はないんだといわれていたようですが、実はありましたということです。

江戸時代の写本が国会図書館にあるそうです。貯蔵していたのは徳川幕府です。それがそのまま明治時代に国会図書館にシフトされました。その内容で衝撃的なものがあるんですよ。前記、聖徳太子の正体とその血統が判ります。昭和の時代の一万円札は聖徳太子でしたよね。これも秦氏の血脈、それに霊脈の象徴だったのではないかと思いました。

これは、わたくし個人の感じたことでそれほど根拠がある話ではないのですが、ちょっと述べてみたいと思います。それは、霊魂の系統というのも存在するのではないかということです。血統や血脈なんて言葉がございますよね。ある一族や氏族の血統的な流れをあらわすものです。霊魂も輪廻に際して、霊脈の如き霊が乗り移る流れがあるのではないかというのが、わたくしの感じたところです。

なぜそんなことをいうのかというと、ある方の血統的な流れと霊統的な流れが一致するように思えたからです。つまり、ある霊はある血脈の上でしか再生しないということです。それを一番顕著にあらわしているのが天皇家ではないかと思っております。なぜ天皇家が男系の血統を重視するかといえば、アマテラスの御霊を肉体におろすためではないかと思えるからです。大嘗祭という儀式にはそういう場面がございますよね。白装束の皇太子が横になって、起き上がる。それは死と再生を意味する。皇太子として死に、アマテラスの御霊を伴って、天皇として再生するわけです。正確には天皇はアマテラス、再生するのはアマテラスの御霊を伴った司祭者である天皇陛下であるわけです。言葉の通り、天皇の陛の下にいる存在、つまり祭祀者、預言者という位置づけなのです。聖徳太子の正体がわかるとその御霊を受け継いでいるのがどんな一族なのかかってきます。そうすると日本の中世、近世の歴史がなるほどと思える形でわかるかと思います。詳しくは、別途小説という形でまとめておりますので、そちらをご覧頂ければ幸いです。

ひとことでいえば、日本は古代から延々とつながる系統が存在するということです。その代表例が天皇家であり、日本を表、裏で支えてきた一族、氏族ということです。ここでも裏表、そして鏡面反転がでてきますね。聖徳太子の時代はちょうど裏表の鏡面反転の時代かと思われます。それが天智天皇による国仕掛け、藤原不比等による古代日本封印で完成するわけです。伊勢神宮の式年遷宮もこの時代からはじまりました。不比等が宰相となり、持統天皇をサポートした時代からです。持統天皇というおくり名からもどういう系統の方かはわかりますよね。血統を保持する方なわけです。本名はウノノサララ。神田うのさんはここから名前をとったわけです。意外としゃれたことしますね（笑）。

さてその藤原不比等が仕掛けた国仕掛けですが、その封印を解く鍵が日本書紀、古事記の二書と物部系の史書である先代旧事本紀なわけです。三書あわせてはじめて、国仕掛けがとける仕組みになっているわけです。この三つというのが、秦氏の仕掛けた暗号でもあります。この場合の秦氏も二系統ありますね。紀元前にさかのぼる秦氏と紀元後に渡来した秦氏です。同じハタという呼び名でも漢字は微妙に違えておりますね。賀茂氏と鴨氏の違いもまたあります。これまた二系統、裏表で鏡面反転してますね。また、一方の聖徳太子の未然記と未来紀で記紀である。ここでもかがみ合わせですね。鏡面反転です。色々できてきますね。かがみ合わせに鏡面反転。しかしながら、これが日本史の暗号を解く鍵でもあります。

○コードネームは聖徳太子

さて聖徳太子の正体ですが、実際はいなかったです（笑）。といいますかひとりであれだけすごいことをやってしまう人はおりません。しかし、いたんですね。いないけどいたし、いたけどいない。なんか禅問答ですね。しかしそれが答えなんですね。

実は複数の人間の合成人格です。聖徳太子別名説は多々ありますが、すべて一対一なんですね。ここでほとんどの研究者がだまされております。聖徳太子ってコードネームなんですよ。それも複数の人間が使っていたという類の。

実は小野妹子も聖徳太子の別名なんですね。聖徳太子は自分が書いた書簡を自分でもって、隋に渡り、皇帝と渡り合ったわけです。それなら強気で「日の出国の天子」などといえるわけですよね（笑）。正体を隠して、外交官用の名前で表舞台にでてしまうなんてどこかの仙人様（いな聖人様かな）と似てますよね（笑）。わかる人だけわかってください。わからない人は感じてください（笑）。その聖人様曰く、「聖徳太子とは秦の河勝、蘇我馬子、大伴細人の3名の合成人格」という趣旨のことをおっしゃっておられます。小野妹子とは秦の河勝の別名のようです。つまり、経済・外交担当、政治担当、軍事担当に分かれていたわけです。軍事担当が諜報担当も兼ねており、その組織が忍《しのび》となります。それゆえ大伴細人は大伴忍という異名も持つわけです。これが現代にも通じる忍者集団の始まりでもあります。元々は神武天皇のお庭番として機能していたようですが。中興の祖、聖徳太子により整備されたというのが、正しい表現でしょうね。聖徳太子というのは祭祀王である天皇陛下を補佐した方々の役割をひとつの人格にまとめたものだったんですね。それゆえか裏天皇という異名を持ちます。

○葛藤葛城と藤原～物部氏と秦氏

さて前章でお約束した藤原氏と物部氏の正体です。藤原の初代である藤原鎌足は、実は秦の河勝直系子孫です。聖徳太子の未然記には、聖徳太子の息子である山背兄王子を藤原鎌足と同一であるような記述が見られます。となると藤原氏がなぜ勢力を持ったのかがわかりますよね。天皇家が祭祀王として全体統治の象徴になり、政治、経済、外交、軍事をつかさどる裏天皇が表にで て政府として機能するわけです。藤原氏が天皇の地位を脅かすことがなかったのかがなぜかこれでしっくりきます。わざわざ侵食する必要はないわけですよ。天皇家と同じ力を最初から持っていたわけですから。政治と祭祀、言い換えれば祭祀とそれ以外を分担していたわけです。

もっといえば、同じ血筋になるように近親婚をしたわけですよ。このあたりは、鹿島昇氏も著作の中で指摘してますね。宮子の息子は不比等との子供と。というか古代では、通い婚が普通でした。奥さんというか女性の元に男が通うんですね。そして子供が生まれる。現代の常識では夫と妻は一対一の関係になりますね。ところが、通い婚＝女系社会なので、夫と妻の関係は多対一になるわけです。妻に子供ができた場合は関係があった男性みんなが面倒をみると（笑）。聖徳太子というコードネームをみんなで使ったことと似てますね。

それはそれですごいことですよね。有力子女の財力はすごいことになる。するとすごい教育も受けられるわけですよ。古代は学校はなかったので、すべて家庭教師でしょ。となるとすごい教師を何人も雇える経済環境になる。天才の類はすごいことになりますね。

前述の藤原鎌足＝山背大兄皇子説があいまいなのもここに原因があるのではないかと思いました。確か、山背大兄皇子の母親は蘇我氏の娘さんです。これが聖徳太子のコードネームを使っているお三方が関係があったらどうなるでしょうか？　誰の子供？　聖徳太子の子供（笑）。お三方の財力と不動産（夢殿など）で大変素晴らしい教育環境で育ったことでしょうね。それゆえ、推古女帝にもほめられる英才となり、天智天皇の補佐役として、人臣位を極めたのではないでしょうか？

また、藤原不比等の父親は、藤原鎌足、天智天皇であると正統竹内文書の継承者が申しております。ということは……前述の仮説はかなり可能性が高いということですね。近親婚＋多夫一婦制。なにゆえ、そうなるかというと血統の保持でしょうね。他の血統が紛れ込めないようにする必然性があったと考えたほうが妥当かと思います。

では、蘇我氏や大伴氏はどうなったのでしょうか？　蘇我氏は実は物部氏と同族です。それゆえ、裏にはいったと、最初に蘇我氏が物部氏を滅ぼしたことにして、物部氏を封印。続いて、天智天皇と藤原鎌足が蘇我氏を滅ぼしたことにして蘇我氏を封印しました。その蘇我氏も山背兄王子一族を殺害したことにして、藤原氏の正体を隠しました。これすべて国仕掛けです。

正体封じには更に深い意味もあったと思われます。なぜなら「青い目の聖徳太子」が存在したからです。多分、ペルシャ系の文化の香りがただよう蘇我氏がそうではないかと思うからです。この時代から既に日本の国際化は進んでおりました。江戸時代の鎖国ゆえに純粋な日本人文化と勘違いしているのかもしれません。その江戸時代でさえも、日本と明の二本立てです。また、当時の東北人は明らかに違いが判るほどの独特の特徴を持っておりました。そこからいえることは、その当時も世界政府の素養を日本が持っていたということです。神武以前の王朝はまさしく世界政府の長たる世界天皇でした。

三種の仁義ならぬ神器を保持を、文字通りの天の皇《スメラギ》こと地球霊王に認められたものが世界天皇でした。三種の神器は、日、月、土すなわち地球をあらわします。それに対応するのが、日＝ヤタの鏡、月＝勾玉、土すなわち地球の地軸をあらわす＝剣となるわけです。

形であらわせば、○、△、□です。昔、ポンキッキーでそんな歌がありましたね。まさしく、その歌の通り、３つの星があったんですね。○に対応するのが太陽すなわち日、△が月、□が地球です。□は定規でかきますね。地軸をあらわす剣はコンパスともとらえられます。あわせると……フリーメーソンのマークになりますね。古代中国の神農と女禍は定規とコンパスをもってますね。フリーメーソンというと十七世紀、近代のイメージなので、古代メーソン、或いはセムメーソンと呼んだ方がいいのかとも思いますね。

ちょっと話はそれましたが、この三種の神器に対応するのが日月地神示でしょう。しかしながら、日月神示と一般にはいわれておりますね。そこがまた国仕掛けというか隠された歴史を紐解く鍵なんですね。日月土をすべてあらわしているのは、鞍馬山におりたった地球霊王サナートクラマこと国常立大神なのです。この神様を魔王とすることで、古代の歴史は隠蔽されております。

○聖徳太子の血統は？

さて話は戻りまして、この時代～聖徳太子の時代は表側の天皇はすべてユダヤ系になっていると推測します。或いは祭祀王として古代イスラエル・レビ族の血統を重んじたのか？　継体天皇は、古代のイスラエル（ガド族）、ユダヤの血統が途絶えたために、王権を引きついだ祭祀一族のレビ族と推定してます。そのレビ族が再び王権を元の流れに戻そうとしたのが、聖徳太子の時代ではないかと推測したわけです。なぜならば、前述のような封印や正体を隠すことをしているからです。それを完成させたのが藤原不比等の時代だと思っております。

そしてそれは、本来の日本の血統に戻すことで完了するはずでした。一度退位したもののもう一度、天皇として即位した称徳天皇のことです。この女帝は、女性ながら皇太子の地位につきました。しかしながら、血統的には天皇家ではありません。東北王朝の荒吐《あらばき》の血を引く女帝でした。津軽外三郡史によると大和朝廷と荒吐との抗争は神武天皇と長脛彦《ながすねひこ》の時代から続いておりました。抗争が再開したのが藤原不比等の息子、三男の宇合の時代でした。その後、和解に至り、荒吐から天皇を立てることで合意したわけです。それが称徳天皇です。皇太子時代の名前が阿部内親王です。ここから出自が荒吐の阿部氏ということが窺えるでしょう。それがどうしたものかうまくいかずに、山背派と呼ばれる秦氏にまつわる一族が平安京を建てることになるわけです。それも日本ゆえに二本立ての意味合いがあると思っています。

ちなみにこの山背派と呼ばれる集団の首領は前述の藤原不比等の三男、宇合の子孫である藤原式家です。式家とは式部と呼ばれる朝廷の人事を司る役職にあったことからついた名称です。平安京、ヘブライ語ではエル・シャローム、つまりエルサレム。ユダヤ的視点では極東エルサレムが平安京。一方では古代世界天皇の都があったのが京都。日本とユダヤの二本立てでダブルミーニングなわけです。表の歴史では天武系の天皇から天智系の天皇に代わるとしています。裏の歴史ではガド族系から荒吐系を経て、レビ系へと遷移します。もうお気づきかもしれませんが、この荒吐とは東北王朝つまり、古代日本の系統を引き継いでいる王朝なわけです。一方、裏に入った秦氏や物部氏（蘇我氏）は大伴氏とともに日本を陰で支えております。その流れが現代でも続いております。

ここで流れを整理してみますと、表の天皇家はユダヤ、正確には古代イスラエル十二支族の祭祀一族レビ族の直系だと思われます。系統としては、預言者モーゼの直系かその兄であるアロンの直系血族かと思われます。それゆえ、霊統は古代からの預言者の流れになるかと思われます。

○ヤタガラス

一方、裏の天皇家は、秦氏＝ユダヤ二支族、物部氏＝イスラエル十支族かと思われます。もうひとつの大伴氏については結論が導き出せないでおります。一説には大陸を移動していた天皇家に伴ってきた一族であるから、王友＝大友＝大伴となったといわれております。どうもこれがピンとこなくて。ユダ族のお供だからもうひとつのベニヤミン族ではという説もありますが、そうなると日ユ同祖論であり、日ユ皇祖論とは異なってきます。それに神武天皇のお庭番ということであれば、更に古いとも考えられます。となると物部＝徐福集団渡来の紀元前3世紀以前に日本にいた集団ということになるかと思います。

それは超古代日本、縄文と呼ばれる文化、東日本ならば東北、西日本なら飛騨の位山、乗鞍に降り立った天孫族の末裔ではないという推測に行き着きました。神武天皇の東征記にでてくる金鵄がそれを象徴しているのではないかと思いました。最終決戦での仲介者としての役割です。一方の八咫烏《やたがらす》は、神武天皇を導いた物部系の人物ではないかと思っております。表に姿を現さなかったことから、物部系祭祀一族の秘密組織の名称として使われたのだと思いますね。金鵄の称号は八咫烏のトップのことだという説もありますが、一方で、別の存在ではという話もあります。どうも私にはそのことが気になっております。妙に心に引っかかってます。

八咫烏についてですが、正確には「やたのからす」と読むそうです。「はたのからす」という意味合いですね。からすは加羅、つまり朝鮮半島南側の任那日本府があった場所のこと。もっといえば、ミトラ教の祭祀のことです。秦氏の祭祀ということですね。それならば、秘密組織の名前としては納得です。ミトラ教は発祥がシュメールとも言われております。或いはその影響をうけたメソポタミアです。するとすべての原点はシュメール、その元は、超古代日本という歴史が一本の糸でつながるわけです。その超古代日本は今から一万五千年前ともいわれております。

有野真麻の巻

黄金民族と地球維新

白峰先生は、黄金民族たる日本人には、三つの天命があると言います。一つ目は、世界経済を安定させること。日本の円というお金を、世界経済の基軸通貨として世界に円滑に廻すことにより、世界を救済し、世界経済を安定させる。二つ目は、恒久平和の実現。核の廃絶、戦争の廃絶。これは、広島と長崎に原子爆弾を落とされた日本だからこそできることです。三つ目は、宗教と科学を統合し、宇宙と地球との融合に先駆けて、宇宙文化を造る担い手になるということ。

そして、なぜ日本人が黄金民族であるのか……。その理由を、白峰先生は次のようにおっしゃっています。

「日本は世界一の火山国でしょう。これに雨が降ったり、竜巻がきたり、風があたると、マグマは黄金色に輝くのです。日本の龍体はマグマです。だから日本は、黄金色の龍体なのです。日本人は黄金国土、龍体に住むゆえ、黄金民族なのです。つまり、日本で生まれなくても、日本にいることが素晴らしいのです。その強いエネルギー磁場の中で生活していますから、体が自然に浄化されるのです。普通の生活の中で、禊をしているようなものです」

それだけではありません。地球自身の持つ周波数である「シューマン共振」は、今まで私たちが安らぎを感じる七・八ヘルツでしたが、二〇〇〇年には十三ヘルツ、二〇一二年に二十二ヘルツまで上がり、ここまでいくと、ナント、DNAの螺旋変換が起こってくる……と、おっしゃるのです。

続けて白峰先生は、もっと驚くことを言われます。

「地球にある生命体のエネルギーの正常磁場というものは右回りです。ところが『フォトン・エネルギー』（※）というものは、宇宙光線なので左回りなのです。そのため、DNAにこのエネルギーが入ると、螺旋がほどける現象が起こる。絡まっていたものがほどける。その時どのような状態になるかというと、高熱が出たりなど、風邪のような症状になります。螺旋がほどける時点で、色々な波動病というものが起きてくるのです。体が疲れたり、だるくなったり、眠くなったり、高熱を出したりと、肉体的な影響が出て来るのはもちろんですが、その前に感情的に爆発してしまう。何かイライラしてしょうがないとか……。

それがもっと周波数が上がってくると、十八ヘルツ位までは不機嫌で気持ち悪いという状態。十八ヘルツを超えると螺旋はまた右回りに戻り、二十二ヘルツでストップします。それは一体どういうことかというと、その間にDNAの組み替えが起こるということなのです。左回りになっている間に、DNAにはどんどん『フォトン・エネルギー』が入ります。そして、もっと周波数が上がると右回りになり、『フォトン・エネルギー』を体の中に取り込んでしまうのです。

そうすると人間の体は、半物質化してしまいます。どういう状態かというと、まず、夜寝なくてよくなる。また、食事をしなくてもよくなるのです。なぜこのようなことが起こるかというと、人間の生命体、俗に炭素系生命体とも言われますが、私たちは太陽エネルギーが変換した物を、食物として栄養を摂っています。ところがフォトンもエネルギーであるから、それを吸収して共鳴を起こすと、食事を摂らなくてもよくなる、そういうことが起こってくるのです」

※フォトン・エネルギー

フォトンとは光エネルギーのことで、光子と訳される。一九三二年、アメリカの物理学者カール・アンダーソンが電子の反粒子を発見し、陽電子と名づけた。フォトンとは、この電子と陽電子が衝突するときに生まれる。衝突すると電子と陽電子は双方ともに消滅し、二個または三個のフォトンが生まれる。そして、フォトン・エネルギーはすべての生命体を原子レベルから変成させ、遺伝子レベルの変容も行ない、進化させる力を持つ。二〇〇三年時点、十年前と比較して、太陽の明るさ一〇〇〇倍、太陽のエネルギー出力二・三倍、太陽のフレア放射三倍という、未曾有の活発な太陽のフレア現象により、莫大な量のフォトン・エネルギーが地球に影響を与えている。

しかし、日本は世界一の火山国ゆえ、火のエネルギーがものすごく強い。これは磁場が分厚いということに他ならず、それだけ磁場のエネルギーが強いということでもあります。

つまり、日本は、この磁場エネルギーの高さ、すなわち、この天然シールドに守られているおかげで、年々高くなる「シューマン共振」のマイナス影響を、地球上で最も受けることなく、DNA変換を達成するのは、日本に住む人たちである可能性がとても高いのです。

また、DNA変換について、白峰先生は、次のように言われます。

「実は、今までのこの地球文化、そしてエネルギーの中継点は臍下丹田《せいかたんでん》、へその下の丹田と言われていましたが、これからは人間が宇宙と繋がり、また意識が開放される場合に開かなければならないのは、ハートのチャクラなのです。このハートのチャクラは医学的には胸腺で、免疫を司り体のエネルギーのバランスを取りますが、人間そのものは愛に目覚め、宇宙意識と同調すると、このハートのチャクラが開くようになるのです」

「地球そのものがこれから五次元という世界に次元上昇を、フォトン・エネルギーを通じてアセンションするにあたって、今度はハートのチャクラが水晶体のように輝いた人間たちがこの地球に残り、新しい地球で生まれ変わって生活するということです」

「すなわち、DNAの中に今まで封印されていた調和というエネルギーが完全に開き、全てのものと共存共栄して生きていけるわけです。よく恋をするとハートが痛むといいますが、人間の中で心臓とは血液を送り込むところです。人間のエンジンにあたるところです。その横にあるハートのチャクラというのはエンジンそのものを制御する働きがあります。心臓そのものの働きだけではなく、生体磁場を全て調整するのは胸腺、ハートのチャクラなのです。癌になったり色々な病気になったりすると免疫力が下がります。医学的に、ハートのチャクラの胸腺そのもののエネルギーが低下すると、人間は病気になります。逆にこの胸腺のエネルギーが上がると、遺伝子情報の中にあるマイナスのものが全部変換できるようになりますから、不老不死や長寿になり、病気にもならなくなります。ですからこのハートのチャクラはＤＮＡの中にあるマイナス、そして封印を解く暗号が隠されている場所なのです。

そうしてＤＮＡ変換が起こり、いのちのエネルギーに満たされた私たちには、『ありがたいなぁ』『面白いなぁ』『嬉しいなぁ』『楽しいなぁ』という、いのちの悦びがあふれ出てきます。

そのとき、日本民族は正真正銘の黄金民族に変身しているのです。

そのいのちの悦びを世界中にあふれさせ、そのいのちの響きを世界中に轟かせるために、日本人は、地球人類に先駆けて黄金民族となり、『やまとごころ（いたましく思う心）』をもって、この三つの天命（天命とは、いのちの願い、いや、いのちの衝動のことでしょう）を全うしなければなりません。

宇宙創造原理、ワンネス、みんな一体となった生命原理に基づいて、宗教と科学を統合し、人類すべてを黄金色に輝かせるのです。そして、肌の色、人種の違い、言葉の違い、経済システムの違いという、すべての境界線を越えた、ミロクの世（理想社会）を実現させるのです」

また、白峰先生は二〇一二年問題について、次のように言及されています。

「二〇一二年は、マヤ暦の終了と五千年前から言われていますが、私は、二〇一二年に今までの価値観の消滅、すなわち、国家や経済通貨システムの大変化があると思います。

なぜならば、〝Time is money〟すなわち時は金なり、時間の終了とは、金融システムの崩壊と再構築に違いないからです（地球連邦の第一歩として）」

「これから、俗に影の政府とか世界政府といわれている、このシステムの運営者たちがだんだんと食えなくなってくるのですね。時元上昇しようとしている精神世界に伴って、物質社会も、システムも、全部移行していくんですよということです。それが、歴史というものです。それが、時なのです。時代なのです」

その時元上昇しようとしている精神とは、地球自身の意識、エネルギーだと、白峰先生は言われます。

「そして、人間には三つの封印（マネー、食料、エネルギーのシステムが、俗にいう影の政府とか世界政府によってコントロールされ、ミロクの世の実現が阻まれている）がなされており、これらの問題がほどける時が二〇一二年であるとも言います。それが、歴史であり、時であり、時代であると……」

その地球自身の意識と共鳴すること、そのエネルギーの流れを受け入れることが大切だと、白峰先生はおっしゃいます。そして、白峰先生のおっしゃる「時間の終了」「時元上昇」とは、芸術作品や労働や人間の価値までもがお金で換算されてしまう、これまでの価値観、「お金中心の時間軸の終了」ということなのでしょう。

その結果、私たちはお金のためではなく、悦びのために生きるようになる、悦びそのものとなって生きるようになる……。私たちが悦びに浸っているとき、好きなことに夢中になって打ち込んでいるとき、そこに時間はあるでしょうか？　悦びから遠ざかっているとき、私たちは時間を感じることが多い気がします。「時間」の「間」という字は、お日さまが門で隠されています。この、隠されたお日さまこそ、いのちの悦びのことではないでしょうか……？

きっと「時間の終了」とは、この隠されたお日さま、すなわち、いのちの悦びが顕れて、燦々と光輝くようになるのです。「時元上昇」すなわち、「時の元への上昇」という言葉も、時の元にあるいのちの悦びへの上昇……そんな感じがしています。だから、白峰先生もおっしゃるのでしょう。

「人生とは生きることの悦びを問うことである。釈迦の悟りも、本当は難解なものではなく、『人間っていいなぁ、生きるって素晴らしいなぁ』という、いのちの悦びだった」と……。

ナント、釈迦の悟りは難解なお経などではなかったのです。「まんが日本昔話」のエンディング曲「にんげんっていいな」こそ釈迦の悟りだったのです（笑）。心がぽかぽかしてくる、本当にいい歌です。皆さんご存知かと思いますが、改めてその歌詞の全文をここに紹介します。

「にんげんっていいな」　山口あかり作詞

くまの子見ていた　かくれんぼ
お尻を出した子　一等賞
夕焼け小やけで　また明日　また明日
いいな　いいな　人間っていいな
美味しいおやつに　ほかほかごはん
子どもの帰りを　待ってるだろな
ぼくも帰ろ　おうちへ帰ろ
でんでんでんぐりがえって　バイバイバイ

もぐらが見ていた　運動会
びりっこ元気だ　一等賞
夕焼け小やけで　また明日　また明日
いいな　いいな　人間っていいな
みんなで仲良く　ポチャポチャおふろ

あったかいふとんで　ねむるんだろな
ぼくも帰ろ　おうちへ帰ろ
でんでんでんぐりがえって　バイバイバイ

いいな　いいな　人間っていいな
みんなで仲良く　ポチャポチャおふろ
あったかいふとんで　ねむるんだろな
ぼくも帰ろ　おうちへ帰ろ
でんでんでんぐりがえって　バイバイバイ

（JASRAC 出1211913―20）

この「にんげんっていいな」という歌にあふれる悦びこそ、黄金民族への変容、ミロクの世の実現に不可欠なものだと思うのです。

「まず、二〇一二年に一部の人たちに覚醒が起こり、それが引き金となって地球人類の集合意識を上昇させる。肉体の変容は意識磁場の変化から起こるゆえ、半霊半物質には二〇一二年から二〇一六年にかけて、徐々に移行する。そして、次代にシフトできるのは人類の三割」と白峰先生は言われます。そして、二〇二二年に一部の人たちに起こる覚醒によって、私たちの意識は、今と比べものにならないくらい、創造、現実化の力を発揮するようになると思っています。なぜなら、白峰先生の著書に、次のような文章が書かれてあるからです。

「時間の終了とはどういうことかというと、マヤ暦は月の暦なので、月が終了することで時間が終了するということになっています。人間の内臓は、心臓、肝臓というように月遍が付きますが、内臓の働き、つまり、肉体のシステムが変わるのです。それが、月の時間の終了ということなのです。これからは、だんだんと半霊半物質化が進んできます。人間もサナギから蝶になるように変容します。そして、地球時間で二〇二〇年頃の次のステップで、この地球上に物質は完全になくなります。これが新しいミロクの世であり、地球が三次元から五次元になるのです（二〇一六年、水瓶座への本格的シフト、これが地球大変革です）。人間の体は本来は六次元なのです。思ったことがすべて現象化するのが六次元の空間です。『識』の世界ですべてを創れるということです。本来六次元だったものが、また六次元に戻るのです」「風水国家百年の計」（明窓出版）より

であるならば、不安や恐れを抱えていると、かえって覚醒は不安や恐れを創造することになるので危険です。だから、覚醒にはロックが掛かっていたのではないでしょうか？

そして、覚醒に導く鍵こそ、「悦」ではないでしょうか……？　もし、「悦」にあふれた人が覚

醒すれば、悦びをハイスピードで創造するようになりますから……。ということは、お金、エネルギー、環境、食糧問題の解決、すなわち、ミロクの世の実現は、世の中から生きることの不安をなくし、たくさんの「悦」あふれた人たちを生み出すために、何としても達成しなければならないことだと思います。

その結果、人類の三割ではなく、もっと多くの人たちが覚醒に導かれ、次代にシフトできるようになるはずです。だから、白峰先生もおっしゃるのでしょう。「衣食住と礼節足りてアセンション（時元上昇）」と……（笑）。

そして、「悦」あふれる、真のミロクの世の実現は、地球文明と宇宙文明がひとつになって、覚醒した人たちと宇宙存在が協力することによって、築き上げられていくのです。明治維新のとき、黒船の出現によって、日本は開国に導かれましたが、今回は、UFOの出現によって、宇宙外交が開かれます。それが、地球維新です。そのUFOは、上からだけでなく、下からも来ます（笑）。

白峰先生も、次のようにおっしゃっています。

「この地底にも、宇宙存在が隠れているのです。下から来る人はみなさんの先祖です。だから、宇宙に対して開国ができるのですね。上からだけなら怖いでしょう。宇宙にはいろいろな種族がいますからね。人間のような姿をしていない種族もいるので、みなさんは嫌悪感を持つかもしれません。でも、地底にいる存在は私たちとまったく変わりません。みなさんはこういう存在を見て、すごく安心します。すなわち、新しい時代は、上と下から干渉されて進化するのです。宇宙人や地底人が来ても、私たちの肉体は変わらないのですが、食べ物は変わります。ものの考え方も変わります。価値観が変わるということは、『識』が変わることです。それによって、体やエネルギーが全部変わります。しばらくすると体が光に変わってきます。肉食をやめて菜食にする。その菜食も止めて、何も食べなくなったら内臓は必要がなくなります。お金もかからない、病気にもならない、争いもない、宇宙にも行ける、今まで封印されたことも全部やって不老不死に近くなれば、どんな世の中になると思いますか？（これが宗教で言われているミロクの世です）」

ただし、ＵＦＯの出現には、それまでに世界がひとつにまとまっていること、という前提条件、約束があります。明治維新のときの日本は、たくさんの藩（国）が徳川幕府によって、まとめられていましたが、ひとつの国になってはいませんでした。だから、幕府が開国したとき、「朝廷に許可なく勝手に開国したのはけしからん」と、薩摩や長州は反乱を起こしました。その意味でも、宇宙外交が開かれる前に、世界がひとつにまとまっている必要があるのです。アセンション（時元上昇）せんとする地球意識と、私たち一人一人の意識が共鳴し、神人一体となって働くとき、必ず、ミロクの世は実現します。

「論語」の中に、「仁に志せば、仁その中にあり」という言葉があります。ミロクの世に志すとき、すでに、ミロクの世は私たちの中にあるのです……。

関東風水物語～国家風水師とゆく～

二〇一一年十一月二十五日、青梅市の霞川で死んだ魚五千匹が浮上というニュースが流されました。

水質検査では原因不明とのことだったのですが、おそらく立川断層の地殻変動による火山性ガスが原因かと思われます。実は、そのニュースが流された直後、我らが国家風水師、白峰先生は、密かに、関東ローム層全体の地盤調整をされたのです。白峰先生いわく、「とにかく、硫黄の匂いが凄かった。まさに、大江戸温泉物語（笑）」と。

誰から頼まれたわけでもなく、また、誰に知られることもなく、陰ながら、日の本の国民の命と幸せを守っておられる、タイガーマスクの伊達先生ならぬ白峰先生……。それも、六時間という長時間にわたっての地盤調整です。

その桁外れの集中力、精神力、持続力、体力、スタミナ、パワーには、いつも圧倒されます。「酒飲まないと、やってられないよ（笑）」と、おっしゃる白峰先生のお気持ちも、よくよく分かります。もし、白峰先生が地盤調整されなければ、今頃、関東には大地震が起こっていたに違いありません。

その数日後、白峰先生から「井の頭公園の風水をしたから行ってごらん」との連絡がありました。さっそく行ってみますと、今までとまったく違う井の頭公園に驚きました。清らかさと瑞々しさ、その中に、凛とした感じもあります。一番びっくりしたのは、吐く息も白くて寒いはずなのに、まったく寒さを感じないのです。体の芯からポカポカ温まる感じです。まるで遠赤外線のヒーターに当たっているかのような……。そんな感想を白峰先生に伝えますと、「実は、井の頭公園には弁財天と不動様が祀られていたから、水と火のエレメントを融合させたんだよ」と、ニッコリ微笑まれながら、白峰先生は言われました。なるほど、あのポカポカとした温かい感じは、不動様の火のエネルギーだったのです！

続けて、白峰先生は、井の頭公園の北に位置する、石神井公園の風水もされました。そのとき、アリノはその風水ショーの場に、ライブで立ち会うという幸運に恵まれたのです。

白峰先生と石神井公園の池のほとりを、一緒に歩いていたとき、釣りをしていた爺ちゃんの竿に当たりがありました。大物らしく、爺ちゃんはその獲物と格闘しています。しばらく格闘が続いた後、やっと獲物は水面にその正体を現わしました。

その正体は、ナント……！　赤い目をした真っ白な鯉だったのです。石神井公園でそんな鯉を見たのは初めてでした。すると、白峰先生いわく、「神様が御姿を見せてくださったんだよ」と。

まったく、まったく、国家風水師とゆくところ、毎度のように奇跡が起こります。こんなにも奇跡が起こり続けると、もはや奇跡とは呼べないかもしれませんが……（笑）。そして、清水が湧き出ずる井戸の前に着いたとき、白峰先生は、

「今日は、小判風水をする」

とおっしゃったかと思うと、財布から金色に輝く小判を取り出し、その小判に何やらおまじないをされ、ポンッと井戸に投げ入れられました。しばらくして、あたりの空気がサーッと変わり始めたのが分かりました。と同時に、公園中の鳥たちが、いっせいに勢いよく鳴き始めたからビックリです。きっと鳥たちも悦んでいるのでしょう。井の頭公園と違って、石神井公園では、堂々たる、ずっしりとした力強いエネルギーを感じました。

すると、白峰先生は「目の前の樹木に手をかざしてごらん」と言われました。さっそく手をかざしてみると……。

そうだったのです！　アリノが感じた重量感あるエネルギーは、樹木のエネルギーだったのです。ずっしりとした力強いエネルギーとは、大地にしっかりと根を張って立つ樹木のエネルギー……。石神井公園では、小判を使って水と木のエレメントを融合されたのでした。

さらに、関東風水物語は続きます。たまたま、故・神坂新太郎先生が発明された、ライフコントローラー※を、アリノが所有している話になったときのことです。

※ライフコントローラー

神坂新太郎先生製作の銀河運動装置というものがあります。これは、地球の自転、公転、太陽系の公転を正確に模倣して動く装置です。その地球部分にあたる球体の中に水を入れて、しばらく稼動させた後、その水に死んだ金魚を入れると、なんと、死んだはずの金魚が生き返ったのです。その地球部分のエネルギーを外部空間に作り出すために、太極拳の理論を応用して発明されたのが、ライフコントローラーです。

突然、白峰先生は、

「それを使って東京に結界を張り、地震から守ろう」とおっしゃられ、ただちに、ライフコントローラーにマル秘の改良、エネルギー設定が行われたのです。こうして、地震対策マシーン「銀河運動会」は誕生しました（笑）。

初めて、「銀河運動会」が稼動したときのことです。稼働し始めると、丹田に凄まじい凝結力を感じ、しばらくして拡がっていくエネルギーも感じました。まるで、ふとん圧縮袋に入れられて圧縮されているみたいな凝結力です（笑）。

すると、白峰先生から「水の量が足りない」との連絡が入り、すぐさま水の量を増やすと、張り出していくエネルギーが強くなり、エネルギーバランスがとても良くなったと感じました。

とにかく空間の密度が変わりました。外界も俄然クリアに見えます。自宅近くのコンビニまで歩いてみましたが、そこでも同じように力強いエネルギーを感じました。まるで、辺り一体がパワースポットになったかのようで、ただただ驚きました。この結界は、東京の大部分を包み込む巨大なものです。しかし、まだまだ油断はできません。ある国の人工衛星が、海底の地すべりを確認し、この地すべりが止まったときに、その反動で、津波を引き起こしてしまう可能性があるのです。

二〇一二年の二月に、数百万匹にものぼる、死んだ深海魚のキュウリエソが、島根県隠岐島沖の海岸に打ち上げられたとのニュースが流されました。おそらく、海底の地すべりが原因かと思われます。でも、我らが国家風水師、白峰先生の守られる日本です。まもなく、津波対策マシーン、稲村ジェーンならぬ「稲村ジェット」（笑）は、誕生します……。（つづく）

執筆者プロフィール

鹿児島ＵＦＯ（某高等学校の現役教師）
・白峰会会員・船井本社「にんげんクラブ」鹿児島支部（世話役）
・日本ペトログラフ協会会員・日本心理臨床学会正会員（ユング日本最高権威会派）
・チベット密教、ダライ・ラマ法王遭遇三回（ゲルク派・サキャ派の灌頂）
・真言密教（三法印流にて四度加行受法・十八道。金剛界法・胎蔵法・護摩法）
・大日修験道行満権正大先達・平清盛も修法した「大白身法千座行」五回満願など
・シャア～アズナブルならぬ「昭和リーズナブル」、・愛染かつらをもう一度ならぬ「円形脱毛の愛染カツラー」、・ソリトン公爵ならぬ「ヒゲ剃りん豚講釈」、・アナキン・スカイウォーカーならぬ、印金スカイウォーカー改め「印金多無視」など、色んなキャラで、全国講演に参上致します（笑）
皆さま、何卒、ヨロシクお願いします。
ブロク「鹿児島ＵＦＯ」ヤフーやグーグルで検索すると一番目に出ます。
・FACEBOOK → 鹿児島ユウホウ・Twitter → @kagoshima_ufo
・mixi → 鹿児島ＵＦＯ

川島伸介
大和光明会オフィシャルサイト http://yamato88.jimdo.com/
ブログ『Shinsuke Kawashima's blog』 http://shinsukek.ldblog.jp/

ＴＡＫＵＹＡ
東京都新宿区生まれ。大学では人生の師となる教授から現実的な経済政策論を徹底的に叩き込まれ、卒業後は国内外ナショナルプロジェクトに関連した金融実務・コンサルタント・大学講師などの三次元現実世界の道を歩む。

二〇〇一年、目の前での母の他界をきっかけに目に見えない多次元世界の仕組みの探求を本格的に実践し始める。

二〇〇五年、エハン・デラヴィ氏との出会いによりトータル・リモート・ヴューイングを習得、以来今日に至るまで7年間継続して国内で開催されたRVセミナーに参加。

また、白峰先生を始めとする霊覚者との巡り会いや数多くの変性意識体験を経て今生の目的をこれから起こる宇宙最大のイベントに意識を完全に覚醒させて参加することに定め、次の惑星文明への橋渡しをすべくプログラムを実行中。

横山剛
一九七九（昭和五四）年八月、岡山県生まれ。

三六五日語録のメルマガでおなじみの「たけし商店」（ジャイアントボロン）創設者。

現在は、読者累計十一万人を誇る様々な分野、様々な方々のメルマガ（自己啓発、心、農業、自給自足、アセンション〈都市伝説、近未来予測〉、インターネットビジネス〈フェイスブック〉など）を発行するほか、有料会員も二八〇〇人を超える。

ホームページ http://yokoyamatakeshi.com

白雪セーラ
クリヒメのお膝元、石川県在住。
美容師歴三十年。宇宙の親方様、白峰先生より頂いたお言葉、「髪から神に至れ」を日々の天職を通して楽しく実践中。

不動光陰
一九六六年埼玉県に生まれる。
幼いころから、ＳＦ小説や心霊のＴＶ番組が好きで、両親からは変わった子と言われて育つ。

二〇〇二年に仕事で複数の会社の建て直しを依頼され、最終的には人間の力ということを確信！人と自分の研究を通して精神世界に興味を持つ。二〇〇七年モンロー研究所主催の「ゲートウェイ・ヴォエッジ」、二〇〇八年に「ライフライン」に参加し、見えない世界を旅行する。同年、地球維新メンバーに選出（？）され、アセンションを天命として、新宿の歌舞伎町で倶楽部活動、普段は川越の焼き鳥屋で飲酒活動中（笑）

光弘

㈱リクルート、経営コンサルティング会社㈱日本ＬＣＡ、㈱ベンチャー・リンクを経て、97年に独立。

経営コンサルティング、事業代行（通販・出版など）を主に行う傍ら、カウンセリング、コーチングなども、個人またはワークショップ形式で行っている。

百華（ももか）

幼い頃から不思議なことに関心が強く、十八年前に起きたマリア様の出現という奇跡をきっかけにヒーラーの養成をするヒーリングスクールを立ち上げ、癒しの道を歩み始める。

それから九年後に白峰先生との衝撃的な出会いにより、自身の天命を知ることになり、神々の浄化と封印解除を行なっている。

宗賢（そうけん）

神人和楽プロデューサー。オフィス聖桜（きよさくら）代表幹事。会社勤務のかたわら、陽明学を学び、古神道を修する。万世一系の弥栄を言祝ぐ皇道思想家。桜と菊の輝きに虹色とシャンパン・ゴールドの彩りが重ね合わされた光を身にまとい、大慈大悲と宇宙の叡智を魂に宿した彼を、人は「宗賢美師範」と呼び、「ゴールデン・フォトノイド」と噂する。

秦明日香

ヒーリングルーム LeaLani 主宰。

幼少期より、霊界冥界、宇宙とのコンタクトを重ね、白峰先生との出会いにより、神界、宇宙神とのコンタクトが始まる。

二〇〇七年より、本格的活動を開始。全国にて、覚醒のためのチャネリングスクール、ゼロポイントエネルギーを使ったインディアンヒーリングトリートメント、九星気学、クリスタルヒーリングなどのスクールを展開中。

ホームページ http://lealani.hiciao.com/

慈恩将人　GI◎N

般若党隠密同心、皇道歴史家・時代考証小説家。知的財産使用権の考案プランナー、スペックホルダー。大儀に生き、恋をして、小説を書いております。

有野真麻

広島県出身。成蹊大学法学部政治学科卒業。現在、山陽空調工業（株）取締役、（株）カーナサイエンス代表取締役。二人の人生の恩師との運命的な出会いあり、太極拳の老師から「気」を人生に活用する極意を、白峰先生からは、福・禄・寿・恭・悦という開運法の秘伝、および、開運大局賢師範（大局賢とは、すべての立場を対局ならぬ大局観で観察すること。善悪の作用にとらわれずに、人事百般にわたる価値の根源を、感性をもって見定める！　イマ、ココに働く開運の絶対法則を研究中）を授かる。

白峰先生との共著で「誰も知らない開運絶対法則」（明窓出版）ほか「幸せ体質になる気のプライベートレッスン」（BABジャパン）、「願わなければ叶う5つの真実」（コスモトゥーワン）等の著書がある。

ホームページ http://www.taikyo9.com

あとがき

いかがだったでしょうか？　地球維新クラブの面々の語りは。多士済々の文人たちの、それぞれの立ち位置からみた、地球維新、アセンションについての洞察がみなさまのお役に立つ事を心から願っております。

わたくし個人としては、ツインソウルの物語に魂が震えました。

人（霊止）としてのありかたを……なんというか……考えさせられました。

本書の出版にあたり、陰ながら御尽力頂いた白峰先生に感謝申し上げます。

慈恩将人　拝

監修者　白峰（中今の悠天）　プロフィール

環境意識行動学医学博士、開運風水学・弘観道宗家、十七の肩書き省略。ネイル開運法や海洋深層水ブームの火付け役。二〇一二年問題や地球維新など十七ジャンルに亘るエキスパート（温泉観光ブームの観光カリスマ）。

「アルコール超伝導理論」（超伝導とは物質の電気抵抗がゼロになる現象のこと。茨城県つくば市の物質・材料研究機構における思いつき実験で予想外の成果！　なんと一週間前からお酒に浸していた鉄化合物が、意外や意外、超伝導物質になっていたというのです。ビール、日本酒、焼酎など試した7種類のお酒のすべてで……）を自ら体験し、糖尿病、通風、脳梗塞を病院や薬でなく、ただ酒を飲み続けて完治した武道ならぬブドウ糖の達人。

人は氏を現代の旗本退屈男とも宇宙人とも呼んでいます。

環境行動学の大家として有名。

すべての意識は宇宙と地球の生命磁場に影響される「コスモトレンド理論」が、二〇一二年問題として話題を呼ぶ。

（現在は小笠原海底の調査のために海底生活）

地球《ちきゅう》維新《いしん》
天声《てんせい》会議《かいぎ》

白峰《しらみね》（中今《なかいま》の悠天《ゆうてん》）監修《かんしゅう》

明窓出版

平成二四年十月二十日初刷発行

発行者 ―― 増本　利博
発行所 ―― 明窓出版株式会社
〒一六四―〇〇一二
東京都中野区本町六―二七―一三
電話　（〇三）三三八〇―八三〇三
FAX（〇三）三三八〇―六四二四
振替　〇〇一六〇―一―一九二七六六
印刷所 ―― シナノ印刷株式会社

落丁・乱丁はお取り替えいたします。
定価はカバーに表示してあります。

2012 © Shiramine Printed in Japan

ISBN978-4-89634-315-1
ホームページ http://meisou.com

続　2012年　地球人類進化論

白　峰

新作「アインソフ」「2008年番外編」「福禄寿・金運と健康運」および既刊「地球大改革と世界の盟主」「風水国家百年の計」「日月地神示　「宇宙戦争」「地球維新・ガイアの夜明け前」「新説2012年地球人類進化論」ダイジェスト版。地球環境や、社会現象の変化の速度が速い今だからこそ、情報ではなく智慧として魂の中に残る内容です。

地球シミュレーターが未来を予測する／ハリウッド映画の今後／忍者ローンことサブプライム／期待されるＮＥＳＡＲＡ法の施行／アセンション最新情報／意識を高めさせる食とは／太陽・月の今／聖徳太子、大本教、日蓮上人が語ること／ロックフェラーからのメッセージ／呉子の伝承／金運と健康運、そして美容の秘伝／将来のために大切なこと／福禄寿の優先順位とは／日本の経済、アメリカの経済／金運をアップする　／健康になる秘術／これからの地球の変化／アインソフとは／宇宙の成り立ちとは／マルチョンマークの違いについて／不都合な真実は未だある／イベントは本当に起こるのか／ＮＥＳＡＲＡと地球維新／ソクラテスからのメッセージ／多次元社会と２０１２年以降の世界／アインソフ・永遠の中今に生きてこそ／ＬＯＨＡＳの神髄とは（他重要情報多数）

定価2000円

新説　2012年　地球人類進化論

白　峰・中丸　薫共著

地球にとって大切な一つの「鐘」が鳴る「時」2012年。

この星始まって以来の、一大イベントが起こる！！

太陽系の新しい進化に伴い、天（宇宙）と、地（地球）と、地底（テロス）が繋がり、最終ユートピアが建設されようとしている。

未知との遭遇、宇宙意識とのコミュニケーションの後、国連に変わって世界をリードするのは一体……？

そして三つの封印が解かれる時、ライトワーカー・日本人の集合意識が世界を変える！


闇の権力の今／オリンピアンによって進められる人口問題解決法とは／ＩＭＦの真の計画／２０１２年までのプログラム／光の体験により得られた真実／日本人としてこれから準備できる事／９１１、アメリカ政府は何をしたのか／宇宙連合と共に作る地球の未来／縁は過去世から繋がっている／光の叡智　ジャパン「ＡＺ」オンリーワン／国家間のパワーバランスとは／サナンダ（キリスト意識）のＡＺ／五色人と光の一族／これからの世界戦略のテーマ／輝く光の命～日本の天命を知る／２０１２年以降に始まる多次元の世界／サイデンスティッカー博士の遺言／その時までにすべき事／オスカー・マゴッチのＵＦＯの旅／地底に住む人々／心の設計図を開く／松下幸之助氏の過去世／魂の先祖といわれる兄弟たち／タイムマシンとウイングメーカー／その時は必然に訪れる（他重要情報多数）　定価2000円

◯、日月地神示　黄金人類と日本の天命

白峰聖鵬

五色人類の総体として、日本国民は世界に先がけて宇宙開発と世界平和を実現せねばならぬ。

日本国民は地球人類の代表として、五色民族を黄金人類（ゴールデン・フォトノイド）に大変革させる天命がある。アインシュタインの「世界の盟主」の中で、日本人の役割もすでに述べられている。

今、私達は大きな地球規模の諸問題をかかえているが、その根本問題をすべて解決するには、人類は再び日月を尊ぶ縄文意識を復活させる必要がある。

アセンションとは／自然災害と共時性／八方の世界を十方の世、そして十六方世界へ／富士と鳴門の裏の仕組み／閻魔大王庁と国常立大神の怒り／白色同胞団と観音力／メタ文明と太陽維新／構造線の秘密／太陽系構造線とシリウス／フォトノイド、新人類、シードが告げる近未来／銀河の夜明け／２０２０年の未来記／東シナ海大地震／フォトンベルトと人類の大改革／般若心経が説く、日本の黄金文化／天皇は日月の祭主なり／日と月、八百万の親神と生命原理／宗教と科学、そして地球と宇宙の統合こそがミロクの世／世界人類の総体、黄金民族の天命とは／新生遺伝子とＤＮＡ、大和言葉と命の響き／全宇宙統合システム／万世一系と地球創造の秘密とは／ＩＴの真髄とは／（他重要情報多数）定価1500円

福禄寿　　　　　　　　白　峰

開運法の究極とは福禄寿なり

この本を読めば貴方も明日から人生の哲人へ変身！

1500年の叡智をすぐに学習できる帝王学のダイジェスト版。

福禄寿

幸せの四つの暗号とは／言霊の本来の意味とは／言葉の乱れが引き起こすもの／「ありがとうございます」のエネルギー／人生の成功者とは／四霊（しこん）と呼ばれる霊の働き／自ら輝く――その実践法とは／ＤＮＡ｜四つの塩基が共鳴するもので開運する（秘伝）／トイレ掃除で開運／運命を変えるゴールドエネルギー／「9」という数霊――太陽も月もすでに変化している

日本の天命と新桃太郎伝説

身体に関わる「松竹梅」の働き／若返りの三要素とは／不老不死の薬／経営成功への鍵｜｜桃太郎の兵法／健康のための「松竹梅」とは／六角形の結界の中心地と龍体理論／温泉で行う気の取り方

対　談　開運と人相

達磨大使の閃き／運が良い顔とは／三億分の一の命を大切に／弘法大師が作り上げた開運技術／達磨が伝えたかったもの／嘉祥流だるま開運指南／「運」は顔に支配される　／松下幸之助氏との出会い――一枚の名刺／「明るいナショナル」誕生秘話／三島由紀夫氏との交流／日本への提案／白峰流成功への心得十ヶ条（他重要情報多数）

定価1000円

地球維新　ガイアの夜明け前

LOHAS vs STARGATE　仮面の告白　　白峰

　近未来アナリスト白峰氏があなたに伝える、世界政府が犯した大いなるミス（ミス・ユニバース）とは一体……？
本書は禁断小説を超えた近未来である。LOHASの定義を地球規模で提唱し、世界の環境問題やその他すべての問題をクリアーした１冊。（不都合な真実を超えて！）

LOHAS vs STARGATE

ロハス・スターゲイト／遺伝子コードのＬ／「光の法則」とは／遺伝子コードにより、人間に変化がもたらされる／エネルギーが極まる第五段階の世界／120歳まで生きる条件とは／時間の加速とシューマン共振／オリオンと古代ピラミッドの秘密／日本本来のピラミッド構造とは／今後の自然災害を予測する／オリオン、プレアデス、シリウスの宇宙エネルギーと地球の関係／ゴールデンフォトノイドへの変換／日本から始まる地球維新～アセンションというドラマ／ポールシフトの可能性／古代文明、レムリアやアトランティスはどこへ／宇宙船はすでに存在している！／地球外で生きられる条件／水瓶座の暗号／次元上昇の四つの定義／時間が無くなる日とは／太陽系文明の始まり／宇宙における密約／宇宙人といっしょに築く、新しい太陽系文明／アセンションは人間だけのドラマではない

ミスユニバース（世界政府が犯した罪とは）

日本の起源の節句、建国記念日／世界政府が犯した５つのミス／「ネバダレポート」／これからの石油政策／世界政府と食料政策／民衆を洗脳してきた教育政策／これからの経済システム、環境経済とは／最重要課題、宇宙政策／宇宙存在との遭遇～その時のキーマンとは（他重要情報多数）　　定価1000円

風水国家百年の計　白峰

風水学の原点とは、観光なり。

観光は、その土地に住んでいる人々が自分の地域を誇り、その姿に、外から 来た人々が憧れる、つまり、「誇り」と「あこがれ」が環流するエネルギーが、地域を活性化するところに原点があります。風水学とは、地域活性化の要の役割があります。そして地球環境を変える働きもあります。(観光とは、光を観ること)

2012年以降、地球人類すべてが光を観る時代が訪れます。

◎ 風水国家百年の計
国家鎮護、風水国防論／万世一系ＸＹ理論／徳川四百年、江戸の限界と臨界。皇室は京都に遷都された／大地震とは宏観現象、太陽フレアと月の磁力／人口現象とマッカーサー支配、五千万人と１５パーセント／青少年犯罪と自殺者、共時性の変成磁場か？／気脈で起きる人工地震、大型台風とハリケーン／６６６の波動と、色彩填補意思時録、ハーブ現象とコンピューター／風水学からみた日本崩壊？

◎ 宇宙創造主 VS 地球霊王の密約（ＯＫ牧場）
地球人を管理する「宇宙存在」／「クオンタム・ワン」システムと繋がる６６６／変容をうながす、電脳社会／近未来のアセンションに向けて作られたエネルギーシステム／炭素系から珪素系へ――光り輝く存在とは（他重要情報多数）

定価1000円

宇宙戦争（ソリトンの鍵）

Endless The Begins

光悠白峰

地球維新の新人類へのメッセージ

歴史は「上の如く下も然り」

宇宙戦争と地球の関係とは

小説か？　学説か？　真実とは？　神のみぞ知る？

エピソード１　小説・宇宙戦争

宇宙戦争はすでに起こっていた／「エリア・ナンバー５２」とは／超古代から核戦争があった？／恐竜はなぜ絶滅したのか／プレアデス系、オリオン系――星と星の争い／アトランティス　ｖｓ　レムリア／源氏と平家――両極を動かす相似象とは／国旗で分かる星の起源／戦いの星マース（火星）／核による時空間の歪み／国旗の「象」から戦争を占う／宇宙人と地球人が協力している地球防衛軍／火星のドラゴンと太陽のドラゴン／太陽の国旗を掲げる日本の役割／宇宙の変化と地球環境の関わり／パワーとフォースの違いとは／驚愕の論文、「サード・ミレニアム」とは／地球外移住への可能性／日本の食料事情の行方／石油財閥「セブンシスターズ」とは／ヒューマノイドの宇宙神／根元的な宇宙存在の序列と日本の起源／太陽系のニュートラル・ポイント、金星／宇宙人の勢力の影響／ケネディと宇宙存在の関係／「６６６」が表すものとは

エピソード２　ソリトンの鍵（他重要情報多数）　定価1000円

地球大改革と世界の盟主

～フォトン&アセンション&ミロクの世～

白峰由鵬

今の世の中あらゆる分野で、進化と成長が止まっているように見える。

されど芥川竜之介の小説「蜘蛛の糸」ではないけれど、一本の光の糸が今、地球人類に降ろされている。
それは科学者の世界では、フォトン・ベルトの影響と呼ばれ、それは宗教家の世界では、千年王国とかミロクの世と呼ばれ、それは精神世界では、アセンション（次元上昇）と呼ばれている。

そしてそれらは、宇宙、特に太陽フレア（太陽の大気にあたるコロナで起きる爆発現象）や火星大接近、そしてニビルとして人類の前に問題を投げかけてきて、その現象として地球の大異変（環境問題）が取り上げられている。

ＮＡＳＡとニビル情報／ニビルが人類に与えた問題／ニビルの真相とその役割／フォトンエネルギーを発達させた地球自身の意思とは／現実ただ今の地球とは／予言されていた二十一世紀の真実のドラマ／人類の未来を予言するサイクロトン共振理論／未来小説（他重要情報多数）

定価1000円

温泉風水開運法　誰もが知りたい開運講座！

光悠白峰

温泉に入るだけの開運法とは？

「日本国土はまさに龍体である。この龍体には人体と同じくツボがある。それが実は温泉である。私は平成元年より15年かけて、3000ヶ所の温泉に入った。

この本の目的はただ一つ。すなわち今話題の風水術や気学を応用して、温泉へ行くだけで開運できる方法のご紹介である。私が自ら温泉へ入浴し、弘観道の風水師として一番簡単な方法で『運気取り』ができればいいと考えた」

文庫判　定価500円

究極の ネイル開運法
～美容・健康・若返り・金運・恋愛～

NAKAIMA　中今

この本は、ネイルの専門書ではなく、ネイルを使っての開運法の初級編です。

健康とは美容＝若返り／開運ネイル法とは?／実践ネイルカラー入門／開運パワー発生機／あなたはどのタイプ?(参考資料）／誕生日とネイルカラー／人生いろいろ？／他

定価1000円

地球維新　解体珍書

白峰・鹿児島ＵＦＯ共著

「地球維新・解体珍書」は、三千世界の再生を実現する地球維新について珍説（笑）をもって解説します。表紙は、日の丸・君が代と富士と鳴門の仕組みを表現しました。地球維新の提唱者とその志士との、質疑応答集です。本来は、カセットテープで17本、８００頁にもわたる内容でしたが、分かり易く「一言コメント」のエッセイ形式にしました。いよいよ２０１２年を目前にして、日本国と世界と宇宙の栄弥（いやさか）を願っています。(白峰拝)

陰謀論を知る／世論調査の実態を知っていますか？／学校やマスコミが教えない「本当の古代史」を知ろう！／日本政府大激震！「ＵＦＯは確実に存在する?!」11人の現役・ＯＢ自衛官の証言／２０１２年、時元上昇と中国易経の世界」／「経営」と「企業」と「リストラ」その根底に「魂の立ち上げ」／「イルミナティ」と「天使と悪魔」　→ 人間＝「光」なり！／最奥秘伝「メビウスの輪と宇宙と人間の超秘密」／マヤ神殿とマヤ暦は、マル秘「人類進化のタイムスケジュール」／風水学と四神と祓戸大神／神聖遺伝子ＹＡＰと水素水／地球霊王、日本列島に現る！／石屋と手を組み世界平和！／災害の意味と今後の動きと地底人／日本超再生「不沈空母化計画」 超重要提案！／温故知新　仏教とアセンション　死を恐れるな！／封印されている日本の新技術を表に／究極奥義とは……超仰天の遷都計画～地球再生！／大提言　年号大権とアセンション～ミロクの世／（他重要情報多数）　定価1600円

「地球維新 vol.3 ナチュラル・アセンション」

白峰由鵬／中山太將　共著

「地球大改革と世界の盟主」の著者、別名「謎の風水師Ｎ氏」白峰氏と、「麻ことのはなし」著者中山氏による、地球の次元上昇について。2012年、地球はどうなるのか。またそれまでに、私たちができることはなにか。

第１章　中今《なかいま》と大麻とアセンション

２０１２年、アセンション（次元上昇）の刻《とき》迫る。文明的に行き詰まったプレアデスを救い、宇宙全体を救うためにも、水の惑星地球に住むわれわれは、大進化を遂げる役割を担う。そのために、日本伝統の大麻の文化を取り戻し、中今を大切に生きる……。

第２章　大麻と縄文意識

伊勢神宮で「大麻」といえばお守りのことを指すほど、日本の伝統文化と密接に結びついている麻。邪気を祓い、魔を退ける麻の力は、弓弦に使われたり結納に用いられたりして人々の心を慰めてきた。核爆発で汚染された環境を清め、重力を軽くする大麻の不思議について、第一人者中山氏が語る。

（他２章）

定価1360円

『地球維新』シリーズ

vol.1　エンライトメント・ストーリー

窪塚洋介／中山康直・共著

定価1300円

◎みんなのお祭り「地球維新」
◎一太刀ごとに「和す心」
◎「地球維新」のなかまたち「水、麻、光」
◎真実を映し出す水の結晶
◎水の惑星「地球」は奇跡の星
◎縄文意識の楽しい宇宙観
◎ピースな社会をつくる最高の植物資源、「麻」
◎バビロンも和していく
◎日本を元気にする「ヘンプカープロジェクト」
◎麻は幸せの象徴
◎13の封印と時間芸術の神秘
◎今を生きる楽しみ
◎生きることを素直にクリエーションしていく
◎神話を科学する
◎ダライ・ラマ法王との出会い
◎「なるようになる」すべては流れの中で
◎エブリシング・イズ・ガイダンス
◎グリーンハートの光合成
◎だれもが楽しめる惑星社会のリアリティー

vol.2　カンナビ・バイブル

丸井英弘／中山康直　共著

「麻は地球を救う」という一貫した主張で、30年以上、大麻取締法への疑問を投げかけ、矛盾を追及してきた弁護士丸井氏と、大麻栽培の免許を持ち、自らその有用性、有益性を研究してきた中山氏との対談や、「麻とは日本の国体そのものである」という論述、厚生省麻薬課長の証言録など、これから期待の高まる『麻』への興味に十二分に答える。

定価1500円

誰も知らない開運絶対法則
〜人の行く裏に道あり花の山〜
中今悠天（白峰）・有野真麻 共著

「開運の絶対法則とは、地球全体の70％の海の海岸の砂浜から一粒の砂を探すようなものです。

されど、生命のリズムと等しく大自然の法則なり。

海の砂浜の意味がここにある。海はあらゆる生命の源なり。

開運絶対法則は、人生、人間のために、アリノママに働く法則なり。

境界線なくば魅力尽きず。魅力あれば境界線なし。

奥の細道、時の旅人松尾芭蕉ならぬ中今仙人との対話集です」

パート１
花も恥らう乙女と観音さま／太極拳の老師が教えた境界線のワナ／境界線を作り出してしまう最初のきっかけとは？／すべての悩みの原因は単なるエネルギー不足／福禄寿と体のつながり／ちょっぴりオタク的武道論／一瞬で極意をつかみ、天才となる秘密／超能力とは腸・脳・力／笑いの中に命の響きあり／人相とは心の窓なり／食は命なり／現代に不足している恭の教え／マーサ流　粋と恭についての考察／白峰先生とモモの共感能力／I am that I amは最強の言霊／情報とは情けに報いること／三倍思考も悦から／白峰先生の経営相談は、なんと経営指導一切なし！／人間の欲望を昇華させる大切さ／タイムスリップならぬタイムストリップとは?!／常識の非常識と非常識の常識（他、パート３まで）

定価1500円